極東の隣人 ロシアの本質

張鼓峯事件

三船殉難事件

葛根廟事件

信ずるに足る国なのか？

リュシコフ亡命事件

大韓航空機007便撃墜事件

佐藤守男 著

芙蓉書房出版

はじめに

日露両国は二〇世紀初頭、中国東北部という本国の中心部から遠く離れた戦場に、大規模な陸軍をきわめて長期間にわたり派遣して干戈を交えた。それは今から一一〇年余り前、一九〇四（明治三七）年二月の日露戦争であった。それ以来、約半世紀にわたって、日露両国の確執が東アジアを舞台に展開されることになる。

＊　＊　＊

日露戦争は、日本にとって日清戦争（一八九四《明治二七》年八月）、北清事変（一九〇〇《明治三三》年六月）などそれまでの紛争とは根本的に異なる戦争であった。その相違は、強大な陸軍大国ロシアを敵としたことにとどまらなかった。

この戦争における日本の敵は、欧州列強の一角をなす軍事大国であった。そして日本は、一九〇二（明治三五）年の日英同盟を通じて、ヨーロッパの軍事同盟関係網の一部に編入されていた。すなわち、この戦争は、ヨーロッパ同盟関係という枠組みの中で戦われ、そして同盟関係網に重要な衝撃を及ぼしたのである。

日露戦争は、新生日本にとって国運を賭した帝政ロシアとの対決であった。欧米列強による中国からの利権略奪競争の中で、中国東北部（満州）における日露の確執が両国激突の引き金になった。それと共に、日本は一八九五（明治二八）年四月の日清講和条約成立の数日後、ロシアを中心とする仏独三国干渉によって遼東半島領有の放棄を余儀なくされ、東アジア外交史において「臥薪嘗胆」という言葉を生んだ。この屈辱が日露開戦の遠因になったことも否めない。ロシアがその遼東半島を中国から略奪したからである。

日露戦争で際どい勝利を得た日本がその後、皮肉にも転落の坂道を転げ落ちることになる。それは言うまでもなく、この戦争から派生した朝鮮および満州の経営問題（植民地領有）を抱え込んだ日本が直面した荊棘の道程であった。日露戦争の戦捷は、近代日本が同胞幾十万の鮮血で購った栄光のシンボルであると同時に、それは又、最悪の悲劇、第二次世界大戦の敗北へのプロローグでもあった。

一九四五（昭和二〇）年九月二日、わが国は無条件降伏文書に調印し、第二次世界大戦において完敗を喫した。それは明治の先人たちが千辛万苦の試練を乗り越えて築き上げた近代日本のはかない終焉であった。

スターリン・ソ連は同年八月八日、わが国に対するアメリカの原爆投下（八月六日に広島、八月九日に長崎）の間隙をぬって、日本に宣戦布告をして満州、千島列島に対する戦闘行動を開始した。日ソ中立条約の期限が一九四六（昭和二一）年四月まで約八か月間も残されており、同条約の破棄通告後も一年間は有効であったにもかかわらずである。ソ連は日本の降伏文書の提示に対して、宣戦布告をわが国に突きつけたのである。これは、世界外交史に残る唯一のケースであろう。

スターリン（国家防衛委員会）は一九四五年八月二三日、朝鮮、満州、樺太などにおける日本人捕虜および抑留者をソ連に移送、留置するように命じた。抑留された日本軍将兵、民間人は約六〇万人、シベリアや極東地域の経済建設現場、バム鉄道（バイカル・アムール鉄道幹線）の建設、木材調達、炭鉱など、きわめて劣悪な条件下での重労働を強いられ、約六万人が極東の酷寒の地に命を落とした。そのうちの約二万人の消息は今もなお、確かめられていない。

日本軍は、第二次世界大戦においてソ連に砲口を向けていない。それにもかかわらず、ソ連の執拗な対日侵攻は、日露戦争において日本から受けた屈辱とロシア革命後の日本のシベリア出兵（一九一八《大正七》年）によるソ連極東領域の制圧に対する復讐以外に考えられない。ロシア人のそれらの怨念を受容するとしても、リング上に倒れた流血のボクサーになおも情け容赦のないパンチを浴びせるという卑劣な行為を、ソ連はあえて日本に続けたのである。

米戦艦「ミズーリ」号上で日本の降伏調印式がおこなわれたのが一九四五年九月二日であった。ソ連軍は八月一八日、北千島・占守島への攻撃を皮切りに九月二〇日までに千島列島を南下して全島を武力制圧した。まさに火事場泥棒的な、この侵略を、ソ連は「民族解放作戦」と名づけて憚《はばか》らない。ロシアはそれ以来、七〇年余り、わが国固有の「北方領土」の実効支配を続けている。ソ連が一旦、占領した土地を平和的に所有者に返した例は一度も存在していない。

「隴を得て蜀を望むロシア」の野心の本質（宿痾《しゅくあ》）を見誤ってはならない。

二〇世紀前半、明治日本の歩んだ道は、血なまぐさい硝煙立ち込める戦塵に包まれ、その行く手に常に立ちはだかったのがソ連・ロシアであった。新生日本は、最後にスターリン・ソ連の巧みな弾圧の前に膝まずいて屈服し、幕を閉じたのである。

本稿においては、第二次世界大戦敗北の原因を問うつもりなどさらさらない。「弱いから負けた」だけであり、「負け戦をしてはならない」という不変の鉄則だけが証明されたからである。しかしながら、いかに燃え滾《たぎ》る感情を抑え、求められる冷静な知性に訴えてみても、いかんとも容認し難いソ連・ロシアのおよそ国際信義から程遠い事実が歴然として残されている。それを、虚心坦懐に書きとどめ、その真実の風化と忘却をくい止めたいという切なる願いが、本稿起筆の偽らざる心境である。

そこで本稿は、記述の対象を一九三〇年代初期から今に至るわが国とソ連・ロシアとの相克を四章に区分し、ソ連要人の亡命事件、主要な国境紛争・張鼓峯事件、それに伴う対ソ連情報活動（特に通信情報）そして戦後陸海空の三大悲劇を採り上げて整理し、どうしても書き残しておきたい、と思う。

＊　　　＊　　　＊

敢えて禿筆に託し、わが人生掉尾の、この小冊子が祖国日本をこよなく愛し、故国日本の限りない発展と繁栄を、微塵の疑いもなく信じ続けながら、この間の日露関係史の中に悲運の最期を遂げ、埋没していった幾多同胞のレクイエムになるならば、望外の喜びと幸せ、老生これに過ぐるものはない。

極東の隣人ロシアの本質✺目次

はじめに　1

第1章　日ソ軍事衝突の遠因となったリュシコフ亡命事件―一九三八年六月

一．リュシコフ亡命事件の背景……………11
（一）親族も容赦なく「粛清」するスターリン　11
（二）高級将校も九割が「粛清」された　12
二．リュシコフ、満州に亡命……………14
（一）亡命者のプロフィール　14
（二）亡命者に対する尋問　19
（三）亡命者の提供した情報資料の価値　25
三．事件の影響……………30
（一）ソ連国内の動揺と波紋　31
（二）極東ソ軍への影響　32
（三）国境紛争・張鼓峯事件の誘発　34
さらに詳しく知るための参考文献　36

第2章　ノモンハン事件を呼び込んだ張鼓峯事件—一九三八年七月

一、張鼓峯事件の背景……44
（一）近代日本の国防　44
（二）満ソ国境紛争　46
二、軍事衝突の経緯……48
（一）事件発生の直接原因　48
（二）日ソ両軍の交戦状況　53
（三）停戦交渉　56
（四）叙　勲　60
三、事件の影響……62
（一）停戦協定の違反　62
（二）張鼓峯事件と極東国際軍事裁判　63
さらに詳しく知るための参考文献　65

第3章　昭和陸軍の対ソ通信情報活動

一、参謀本部から始まった対ロシア情報活動……77
（一）参謀本部と大本営　77

（二）通信情報活動の特徴　79
（三）陸軍中央特種情報部の創設　81
二、関東軍が強化した通信情報活動……85
（一）関東軍の歴史　86
（二）関東軍の対ソ認識と情報組織の強化　89
（三）関東軍の対ソ通信情報活動　90
三、朝鮮軍が力を入れた対ソ宣伝ラジオ放送……93
（一）朝鮮軍の歴史　95
（二）朝鮮軍と関東軍　98
（三）朝鮮軍の対ソ通信情報活動　101
さらに詳しく知るための参考文献　107

第4章　戦後陸海空三つの悲劇

一、満州開拓民を襲った悲劇、葛根廟事件―一九四五年八月……113
（一）ソ連軍の満州侵攻と関東軍　116
（二）満州開拓民の悲惨　118
（三）葛根廟の悲劇　121
二、北海道占領企図が明らかな三船殉難事件―一九四五年八月……126

（一）小笠原丸（一三九七トン） 130
（二）第二新興丸（二七〇〇トン） 133
（三）泰東丸（八八〇トン） 135

三．大韓航空機００７便撃墜事件――一九八三年九月……………………138

（一）事件当時の時代背景 143
（二）事件発生の経緯 147
（三）事件への対応 155
（四）ソ連・ロシア側の事件への対応 159
（五）事件の教訓 162

さらに詳しく知るための参考文献 165

おわりに 167
日露関係史年表 171

第1章

日ソ軍事衝突の遠因となった リュシコフ亡命事件 （1938年6月）

ソビエト社会主義共和国連邦（以下、ソ連）が崩壊したのは約二五年余り前、一九九一（平成三）年末のことであった。ソ連解体前、ソ連から日本への歴史的な亡命事件が相次いで発生している。その一つが比較的、耳目に新しい「ミグ－25」ベレンコ亡命事件である。それは一九七六（昭和五一）年九月五日、北海道函館空港において発生した。今一つは、ベレンコ亡命事件の約四〇年前、当時、わが国の勢力圏内にあった満州（中国東北部）の東南部において発生した。一九三八（昭和一三）年六月一三日、内務人民委員部（現内務省）の幹部職員リュシコフが満州から越境して、日本に亡命した事件である。

この亡命事件が、当時の日ソ関係に与えた影響は少なくなかった。とりわけ、日ソ間（満ソ国境）で頻発していた国境紛争に、さらに拍車をかける要因になったからである。政府要人、軍人、とりわけ、情報勤務者の亡命事件は古今東西を問わず、国際・国内政治に様々な形で尾を引く面倒な事象である。亡命者は往々、副産物を携えて国境を不法に強行突破してくる。先に述べたベレンコは当時、ソ連の最新鋭戦闘機「ミグ－25」を、後者は国家の機密情報を亡命先に提供した。

本章では、「第二章　張鼓峯事件（一九三八年七月）」において述べる、代表的な日ソ国境紛争の遠因の一つとして、リュシコフ亡命事件を採り上げる。

一．リュシコフ亡命事件の背景

一九二四（大正一三）年一月、スターリン・ソ連共産党中央委員会書記長（グルジア《現ジョージア出身》、四五歳）は、ロシア革命の指導者レーニン（五四歳）が死去するや否や、その後継者に躍り出た。スターリンはレーニン廟を建設し、神格化したレーニンを錦の御旗に独裁権力体制を固めていく。その手段の一つがスターリンの「血の粛清」であった。

（一）親族も容赦なく「粛清」するスターリン

次のような誠に恐ろしい「粛清」の逸話が残されている。

一九三八（昭和一三）年、共産党中央委員会委員レーデンスがモスクワの自宅で逮捕された。その人物は、スターリンの妻の姉アンナの夫であった。「人民の敵」というのが逮捕理由であった。アンナは、モスクワ郊外の別荘にスターリンを訪ねて、夫の無罪を訴えると、スターリンは「あの男は女性関係が多い」とつぶやいて含み笑いをしたという。アンナ自身も一〇年後の四八年、身に覚えのない「スパイ罪」で投獄され約五年後、スターリンの死後に釈放された。

レーデンスの逮捕から一〇年間に、スターリンの義兄弟とその妻子ら一〇人が拘束され、レーデンスら二人が銃殺、二人が獄死した。スターリンは自らの身内に対しても、このような恐怖の弾圧をおこなった。蛇足ながら、今日の北朝鮮は、まさにこのスターリン恐怖政治の縮小版コピーである。

「粛清」の対象は当初、反革命的言動、政治批判などであったが、やがて根も葉もない噂や個人的な好き嫌い、外国に親族がいるなどの理由で、秘密警察の逮捕・拘束が拡大していった。

(二) 高級将校も九割が「粛清」された

一九三七(昭和一二)年から翌三八年にかけての「大粛清」では、軍人が対象に狙われた。その代表的な高級軍人の一人として、ブリュヘル・ソ連邦元帥(極東方面軍司令官、四八歳)が挙げられる。ブリュヘルは、二六歳でロシア社会主義民主労働党(のちの共産党)に入り、ロシア内戦時には、各地において華々しい武勲をたてた歴戦の将星の一人であった。

次章において述べる一九三八年の本格的な満ソ国境紛争・張鼓峯事件の指揮官が同元帥であった。彼は同事件の終結後、モスクワに召喚され、極東方面軍司令官の職を解任された。

ブリュヘルは同年一〇月、休暇を与えられ、家族とともにロシア南部の保養地ソチの別荘に滞在中、内務人民委員部によって家族ともども逮捕された。彼はモスクワに移送され、裁判を受けることもなく、取調室で厳しい拷問の末、一一月はじめ、波乱の人生を閉じた。輝かしい勲功をもつ、このソ連邦元帥が、スターリンの逆鱗に触れて抹殺されたのである。

一九三七年〜三八年の「死の季節」に逮捕・抹殺された軍幹部は、夥しい数にのぼる。国防人民委員代理一一名全員、最高軍事会議メンバー八〇名中の七五名を筆頭に、元帥五名のうち三名、軍司令官一五名中の一三名、軍団長八五名中の六二名、師団長一九五名中の一一〇名、旅団長四〇六名中の二二〇名がそれぞれ粛清された。

さらに、大佐級以上の高級将校の六五％と下級将校の一〇％にあたる約二万名が逮捕されたと言われる。高級将校六〇〇〇名だけについて見ると、そのうちの一五〇〇名は銃殺され、その他は、少なくとも監獄や強制労働収容所につながれた。それら将校の多くは、労農出身者で、内戦の経験者であった（M・タンスキー著、宇島正樹訳『ロシア秘密警察』サンケイ出版、一九七九年、二二五三頁）。

一九四一（昭和一六）年六月、ソ連がナチス・ドイツの侵攻を受けた当時、司令官クラスで高等軍事教育をうけた高級将校の九三％が「粛清」で一掃され、有能な指揮官はほとんど残っていなかった。そのため、ソ連軍はドイツの侵攻に際して、敗走に敗走を重ねたのである。

一九九一（平成三）年のソ連崩壊後に公開された資料によれば、一九三七年中に銃殺された人数は三二万人余り、逮捕・拘束された者は二〇万人を優に越えた（下斗米伸夫編『ロシアの歴史を知るための50章』明石書店、二〇一六年、一七五頁）。「人民の敵」として抹殺された有為な人材の損失は当然、ソ連の経済運用に、そして国防・軍事面にも大きなダメージになったことは確かであろう。

しかし、スターリンはレーニンの死後、計画経済と工業化、集団化を柱に「一国社会主義」を推進した。この過程で生まれたのが「スターリン体制」と呼ばれる独裁体制であった。この体制はソ連崩壊まで続いた。七〇年に及ぶソ連史上、最も謎の多いのが、一九三〇年代のスターリンによる「大粛清」である。なぜ、あれほどの規模の犠牲者を生んだ弾圧が可能であったのか、大きな疑問が消えない。密告と裏切り、恐怖の弾圧は今もなお、多くの人々に深い傷あとを残している。
以上のようなスターリン独裁体制下、ここに採り上げる亡命事件が発生したのである。それは、スターリンの「大粛清」が生んだ一つの落とし子であったが、単にそれだけでは終らなかった。それがその後のわが国の満州経営にも、延いては東アジアの国際紛争にも大きな影を落とすことになったのである。

二、リュシコフ、満州に亡命

一九三八年当時、満州（中国東北部）の東南端とソ連沿海州の東南部が接する地域に不明確な国境線が走っていた。その側を豆満江が流れている。そして、琿春から東南約四〇キロの起伏に富み、沼沢地の多い、やや窮屈な、国境の曖昧な地域、わが朝鮮軍第一九師団（師団長・尾高亀蔵中将）の警備担任区域において一九三八年六月一三日早朝、ソ連から日本への亡命事件が発生した（41頁「張鼓峯周辺地図」参照）。

（一）亡命者のプロフィール

亡命者の姓名（年齢）、所属、役職、地位、容姿および略歴などは、次のとおりである。

姓名：ゲンリッツヒ・サモイロビッチ・リュシコフ（三八歳）。

所属：内務人民委員部（一九一七～一九四六年、のちの内務省）。
役職：内務人民委員部極東地方管理局長。
地位：国家保安委員三等級。
容姿：色白で日本人と同じ背丈、ズングリ肥満型、鼻の下にヒトラー風のチョビ髭、ちぢれ髪、老け顔、一見みすぼらしい中年男風。
略歴：
・一九〇〇（明治三三）年：オデッサ（黒海沿岸）で生まれる。実家は洋服屋。小学校卒業後、夜学校に学ぶ。
・一九一七（大正　六）年：共産党員の兄の影響をうけて入党、革命運動に参加。
・一九一八（大正　七）年：ドイツ軍のウクライナ侵入に際し、オデッサの軍オルグの一員として活躍。
・一九一九（大正　八）年：クリミア連隊の政治委員。ウクライナ共和国内務人民委員部中央政治教習所に入校。同所卒業後、第一四軍独立狙撃旅団政治委員に任命され、ポーランド戦線に参加、レーニン勲章などを受賞。
・一九二〇（大正　九）年：ゲペウ（国家政治局）の前身チェーカ（反革命非常委員会）に入り、秘密警察職員としてウクライナ、モスクワで勤務。
・一九三六（昭和一一）年：内務人民委員部アゾフ、黒海地方管理局長を歴任。

・一九三七（昭和一二）年：内務人民委員部極東地方管理局長（ハバロフスク）就任。

以上の亡命者の経歴などに若干、説明を補足する必要がある。

まず、亡命者の所属について付言すると、内務人民委員部になっているが、正確には、その隷下に付属する国家保安委員会（「ＫＧＢ」）の一員である。つまり、秘密情報組織に属する血塗られた暗殺者の一人であった。

ここで、「ＫＧＢ」という秘密警察（政治警察）のもつ特別な性格を、三つの視点から指摘しておかなければならない（Ｍ・タンスキー、前掲書、二五八頁）。

①まず、この組織は、ある政治体制とその支配者を守るために調査（検閲、スパイ行為などを含む）、干渉、弾圧などの警察活動をおこなう機関である。かっての日本の憲兵および特別高等警察、ナチス・ドイツのゲシタボ、アメリカの「ＦＢＩ」（連邦捜査局）、イギリスの内務省ロンドン警視庁保安部（かってのＭＩ５－陸軍情報部第五課）、フランスの内務省「ＤＳＴ」（国土監視局）などがその例である。

②主要国には国内に対する秘密警察と並んで、外国に対する諜報・防諜活動、謀略活動などをおこなう対外諜報機関がある。例えば、アメリカの大統領直属の最高機関である「ＮＳＣ」（国家安全保障会議）隷下の「ＣＩＡ」（中央情報局）、イギリス外務省の「ＳＩＳ」（秘密情報

部）、フランス大統領直属の「ＳＤＥＣＥ」（外国資料情報対策本部）などである。ソ連の「ＫＧＢ」は、アメリカの「ＦＢＩ」と「ＣＩＡ」の機能を併せもつ巨大組織である。

③主要国にはさらに軍の対外諜報機関が並存している。アメリカ国防総省の「ＮＳＡ」（国家安全保障局）、「ＤＩＡ」（国防情報局）、ソ連では国防省参謀本部第二総局（通称は情報総局、略称は「ＧＲＵ」）があり、ソ連のスパイには「ＫＧＢ」と「ＧＲＵ」の二系統がある。対ファシズム戦略上に重要な日本指導部情報を入手していたゾルゲ（一九四四年、日本で死刑）は「ＧＲＵ」所属、外務省職員の協力をえて情報活動をしたのち一九五四年、アメリカへ亡命した外交官ラストボロフは「ＫＧＢ」所属であった。

「ＫＧＢ」の機構、規模、活動に関するソ連の公表資料は見当たらない。ベリヤ時代には一五〇万ともいわれた「ＫＧＢ」はその後、縮小されて、その一部は内務省所属の国内軍、国境警備隊に含まれている。その活動内容は概ね、次のとおりである。

〈国内活動〉
・ソ連内における破壊活動（反体制活動、民族運動、反ソデモ）の防止、鎮圧。
・ソ連内における諜報、防諜（スパイの取締り、在ソ外国人の監視）。
・ソ連国境の保全および外貨犯罪の取締り。

・ソ連全国家機関の監視。
・要人の警護、政府機関の警備。
〈対外活動〉
・仮想敵国の内外政策に関する情報資料の入手。
・科学、産業、技術に関する情報資料の入手。
・政治謀略工作、亡命者団体への浸透と破壊工作。
・在外ソ連人、船舶・航空機の乗員に対する監視と工作。

やや瑣末な事柄であるが、亡命者の地位について触れておきたい。当時の新聞をはじめ、その他の公刊資料の多くが、亡命者に将官の肩書を冠している。つまり、大将、三等大将、少将など将軍として取り扱っているが、いささか違和感を覚える。

ソ連陸海軍将官の階級に等級はついていない。大将の上に上級大将がおかれているだけである。等級が階級についているのは、海軍の佐官と下士官のみである。ソ連の内務機関（内務省、地方ソビエト執行委員会の内務局、内務部、警察署）の各機関員は、警察官と内務勤務員に分けられ、それぞれが軍の階級に準ずる階級をもっている。つまり、「内務」と「警察」が軍の階級に付随してつけられている。

帝政ロシアの官等表によれば、文官および武官の官等の多くがドイツからの外来語であり、現代のロシア人でも理解がむずかしい。その中で、あえて共通点を探してみると、亡命者の三等（級）委員に使用されている原語「Rang」（ランク）は、海軍佐官の官等に見られるのみである。なお、外交官・検事の官等にはすべて「class」（クラス）が使用されている。

以上から類推すると多分、保安委員の等級は、海軍佐官の階級から引用されたものと思われる。つまり、一等保安委員が大佐級、二等が中佐級、三等保安委員は下級佐官・少佐の階級に相当するものと考えられる。亡命者の経（学）歴等からみても、佐官相当は抜群の累進であろう。亡命者の地位が将官相当、まして大将などとみるのは、とても無理があるように思われる。

（二）亡命者に対する尋問

①リュシコフの拘束

亡命者リュシコフ拘束時の直接の現場関係者は当時、朝鮮軍司令部・大貫将隆第二課長の手記（檜山良昭『スターリン暗殺計画』双葉社、一九九六年、三五頁）によれば、次のとおりである（対応順）。

- 琿春駐屯隊長　横山臣平少将（国境警察隊から亡命者拘束の第一報受信）。
- 琿春特務機関長　田中鉄次郎少佐（亡命者の所持品検査）。
- 朝鮮軍司令部第二課長　大貫将隆中佐（特務機関長からの電話受信）。
- 朝鮮軍司令官　小磯国昭大将（第二課長からの報告受け）。
- 朝鮮軍参謀長　北野憲造少将（同上）。

・参謀本部　　斯波行雄少佐（空路東京から到着、本間雅晴第二部長の命令書携行）。
・関東軍司令部　　宇多川達也中佐（空路新京から到着、関東軍司令部での尋問希望）。

本章の冒頭において触れた「ミグ－25」ベレンコ亡命事件（一九七六《昭和五一》年）当時、私は、陸上自衛隊北部方面総監部調査部で対空情報幹部として勤務していた。事件発生と同時に方面幕僚長の指示を受けた私は、部下一名を連れて函館第二八普通科連隊へ急行（丘珠からヘリに搭乗）したことを思い出す。

私に付与された任務の中に、ベレンコ中尉に対する尋問が含まれていた。私の覚束ないロシア語では到底、無理な要求であったが、全力で当たってみようと覚悟していた。しかし、結果はきわめて惨めであった。警察の完全な管轄下にあって直接、ベレンコに接触することも、ミグの機体に触れることさえも出来なかったからである。それは、自衛隊が強力な武力集団でありながら、軍隊ではなかったからであろう。

それに比較して、参謀本部、関東・朝鮮両軍司令部などの、リュシコフ亡命事件における迅速な対応は、驚嘆の一語に尽きる。まさに感無量である。昔日の軍事国家へのノスタルジアなど微塵もない。ただ、情報収集活動の今昔を憂うからである。第四章において後述する「大韓航空機ミサイル撃墜事件（一九八三《昭和五八》年）」における当事者の一人としても、情報収集活動の、そして知り得た情報の使用の大切さを、身に突き刺さるほど痛感したからである。

以上の経緯から、亡命者に対する尋問は当初、朝鮮軍司令部でその後、東京に移送して、参謀本部が担当することになった。

②リュシコフの尋問（一九三八年六月一四日）

リュシコフの尋問は、まず亡命翌日から六月一八日までの五日間、朝鮮軍司令部（京城）においておこなわれた。尋問調書は第二次大戦の終戦時、多くの書類や資料とともに焼却されたということである。しかし、その一部が当時、朝鮮軍司令部・大貫将隆第二課長によって私蔵されていた（檜山、前掲書、四一頁）。その要旨は、次のとおりである。

・政治亡命を決意するに至った理由は何か（質問、以下同じ）。

「生命の危険を感じたからである」（回答、以下同じ）

・なぜ、生命の危険を感じたのか。

「五月末、内務人民委員部の友人からスターリンが私を逮捕するように命令し、エジョフがメフリスとフリノフスキーをハバロフスクに向けて出発させようとしているという連絡を受けた」

・友人とは誰か。

「名前は勘弁してほしい。内務人民委員部長エジョフの次に位置する人物である」

・メフリスとフリノフスキーとは何者か。

「前者は赤軍政治総局長、後者は内務人民委員代理である。両名は、ともにスターリンの信任が厚く、各組織の粛清工作の担当者である。二人のハバロフスク到着前に亡命を決心した」

・なぜ、スターリンの怒りをかったのか。

「私の任務は、ブリュヘル元帥を司令官とする極東方面軍司令部内の不満分子を発見し、モスクワのスターリンと内務人民委員部長エジョフに報告することであった。しかし、私は、元帥の謀反の証拠を発見できなかった。そして、両者は、私も不満分子の同調者とみなされ、粛清の対象になったようである」

・スターリンの粛清工作は熾烈であるが、それほど多数の政敵がいるのか。

「スターリンは狂人である。彼は自分以外の誰も信じていない。不当にも何万人もの党員や将校が処刑され、その家族や知人が強制労働収容所へ送られている」

・それでは赤軍の戦闘準備態勢は弱化しないか。

「トゥハチェフスキー元帥の処刑（ドイツのスパイ容疑）以来、赤軍では将校約二千名が追放された。軍務に励むどころではない」

・なぜ、ブリュヘル極東軍司令官は、スターリンに疑われたのか。

「元帥は不羈独立の軍人であるため、スターリンと性格的に合わなかったようだ」

・スターリンにかわる人物はいないのか。

「頼みは国外追放になり、メキシコにいるトロッキーだけである」

・極東地区における内務人民委員部の活動は、どうか。

「私が極東に赴任した昨年八月からこれまでに、政治犯約二〇万名を逮捕し、約七千人を銃殺させた。これは全ロシアの粛清の平均よりも、はるかに低い。そのため、任務をサボタージュしているとみられ、嫌疑をかけられている。現在の体制では、誰もが忠誠の証しを示そうとして、無実の人を密告したり、罪に陥れようと競い合っている」

・なぜ、琿春付近を亡命経路に選んだのか。

「国境警備は私の管轄下にあったから、国境警備状況を熟知していた。第五九国境警備隊の重点は北に向けられ、琿春方面は手薄であった。亡命を決意したときから、越境は琿春地区と決めていた」

この尋問のポイントは、次の三点に絞られる。

・亡命理由は粛清からの逃避（死の恐怖）。
・トロツキーに信服（反スターリン派）。
・極東着任後、約七〇〇〇人を銃殺（冷酷な暗殺者）。

③亡命者の所持品（拘束時）

すでに述べたように、亡命者リュシコフは、満州東南部の長嶺子高地（琿春の東南約四〇キロの国境線）付近を越境し、満州国領内に不法侵入した。スプリングコートを羽織り、ハンチング帽をかぶり、朝靄の中に佇むリュシコフを発見して拘束したのは、パトロール中の満州国国境警察隊の隊員であった。リュシコフは抵抗することなく、コートのポケットから拳銃二丁を投げ出し、両手を挙げて投降した。巡邏隊員は亡命者に手錠をかけ、琿春の警察隊本部へ連行した。

満州琿春地区には、満州国国境警察隊、第一九師団（朝鮮軍司令部隷下）に所属している駐屯隊（司令・横山臣平少将）と特務機関が配置されていた。同警察隊本部は直ちに琿春駐屯隊司令に急報した。同司令は、亡命者を特務機関に引き渡すように指示した。

琿春特務機関長・田中鉄次郎少佐は、リュシコフの所持品検査を実施して没収するとともに朝鮮軍司令部（京城）に状況を報告した。亡命者の所持品は次のとおりであった。

・身分証明書（内務人民委員部長　エジョフ認証、一九三八年一二月三一日まで有効）。
・拳銃二丁（モーゼルおよび小型）。
・ロンジンの時計一個。
・ロシア煙草若干。
・変装用サングラス一個。
・現金四一五三円（日銀、満州中央銀行、朝鮮銀行発行）、一六〇ルーブル。
・レーニン勲章一個、　赤旗勲章二個。

・妻イリーナの写真一葉。
・電報一通。
・多数の文書（築城地図、部隊・兵力配置図、国境警備隊将校名簿など）。

（三）亡命者の提供した情報資料の価値

亡命者に対する尋問は、先述したとおり当初、事件発生場所が第一九師団（朝鮮・羅南）の警備担任区域内であったことから、朝鮮軍司令部が素早く対応し、その五日後、参謀本部（東京）に移送され、続いて関東軍司令部（満州・新京）において実施された。それぞれの尋問調書や関連資料などは、ほとんどが焼却されていて残っていない。

まず軍の情報は、動態情報と静態情報に分けられる。前者は、事態の流れをダイナミックにとらえる情報を指し、後者は、敵の戦力の構成要素を統計的に整理した情報をいう。従って、情報収集活動における動態情報は、能動・積極的（人的情報、通信情報）であるのに対し、静態情報は、受動・消極的（文書情報）であり、対処する技法にも差異がある。

動態情報の技法には、段階が四つに区分される。収集努力の指向、情報資料（information）の収集、処理および情報（Intelligence）の使用が、それである。どの段階も等しく重要であり、その一つが欠けても、脈略一貫とした情報収集活動の展開は困難である。とりわけ、情報資料の処理（評価）の段階はきわめてむずかしく、容易ではない。不定期に飛び込んでくる千差万別の、多量の情報資料を適格に評価（調査）することは至難の業である。

終戦間近、一九四五（昭和二〇）年五月、太平洋テニアン方面で捕捉されていた「B－29」関連の異常通信、また後述する一九八三（昭和五八）年九月の大韓航空機の異常航跡など、それを広島への原爆投下、さらにミサイル攻撃による民間機撃墜へ結びつけることはきめて難しい調査である。評価の段階は、入手された情報資料を情報として、使用者につなぐ重要な過程であり、豊かなイマジネーションと幅広い常識、自由で鋭い洞察力が強く求められる。

それと同時に、情報資料の信頼性と正確性の判断が、評価段階において求められる。例えば、情報源が公文書の場合、信頼性は高く評価されるが、正確性では、公文書のもつ「タテマエ」と「ホンネ」の部分の区別を、鋭くえぐる必要がある。

次に、静態情報では、「ＯＢ（Order of battle）」情報と言って、敵の戦力の構成要素ごとに統計的に整理・集積していく作業である。戦闘情報の分野における敵の「ＯＢ要素」は、次のとおりである。

・部隊番号・識別
・配置・位置
・兵力（定員・損耗・装備）
・編組（指揮系統・支援関係）
・戦法
・部隊暦

・個人暦
・作戦効率（士気・補給）
・兵站組織

このほかに、戦いの土俵となる地域の地理的要素、その背景となる風土、社会、風俗、習慣、国民性、価値観、哲学、歴史などの知識も、広い意味での静態情報に含まれる。また捕虜、亡命者、不法入国者、難民などからの捕獲文書および供述などは静態情報に含まれ、その信頼性と正確性の評価には厳しい調査が求められる。

以上のような視角に立ち、亡命者リュシコフから提供された文書や供述を検討する必要がある。この亡命者が正規の高等軍事教育をうけた軍人ではなく、スターリン独裁共産主義国家から逃亡し、スターリンの手先として暗躍してきた血に染まった殺人者であることを考慮しなければならない。そして何よりも、この種の人物は通常、虚偽、捏造、世辞、他者誹謗、自己弁護などに終始するものである。

すでに述べたとおり、亡命者によって提供される情報資料の信頼性および正確性は、きわめて低いものとみるべきであろう。さらに、この種の情報資料は、使用場所で大きく異なってくる。つまり、亡命者に対する尋問は、主として朝鮮軍司令部、参謀本部および関東軍司令部でおこなわれたようであるが、例えば、朝鮮軍司令部と参謀本部とでは、求められる情報の要求が根本的に相違するのは、しごく当然である。

朝鮮軍司令部・大貫将隆第二課長の手記（檜山、前掲書、三四頁）などによれば、次のような見解がみられる。

・リュシコフの供述は速記係が整理し、のちに清書印刷して、参謀本部と関東軍司令部にも送付したが、信頼度が非常に高く貴重な情報だった。それによって陸軍は、極東ソ連軍の兵力、編成装備、配置、戦術運用などの全貌を把握したと言っても過言ではない。しかし、当時の陸軍、特に作戦担当将校には情報軽視の傾向があって、リュシコフからの情報を作戦面に十分、活用できなかった恨みがある。昭和一四年の夏に起こったノモンハン事件におけるわが軍の惨敗も、そういう作戦担当者の情報軽視に一因があると思うと、かえすがえすも残念でならない。

・我々が一番、聞きたかったのは、極東ソ連軍（以下、極東ソ軍）に関する軍事情報であった。その次は、満州におけるソ連の情報・破壊工作と内政状況の実態であった。これらは大変、貴重であったが、軍事情報について言えば、我々が入手していた内容と変わりがなかった。旧軍の情報活動は、それほど素晴らしかった。

・リュシコフは、ソ連側国境付近の築城状態を記した地図、国境警備隊と赤軍の配置図、兵力数などの書類を提供した。国境警備隊の将校名簿もあり、極東ソ軍の全容を把握した。

これに対して、参謀本部第二部第五課（ソ連情報担当）は、亡命者によって提供された情報資料に、次のような冷ややかな見解を示している（A・クックス著、小林康男訳「リュシコフ保安委員の亡命」（『軍事史学』第九二号、錦正社、一九八八年、七七頁）。

・リュシコフは、ソ軍に関する第一級の、また我々を満足させるに足る情報を提供しなかった。所詮、リュシコフは内務省軍隊の一幹部に過ぎず、内務人民部における自分の仕事以外に何も知らない、というのは驚くべきことであった。

・赤軍に影響を与えるような秘密情報については、あの保安委員は完全に無知である、と言っても過言ではない。

・彼は結局、内務人民部の人間に過ぎない。ソ連のような国では、情報は個々に区別され、その配布は必要最小限の範囲に限定されている。

参謀本部の見解は鋭く容赦ないが、きわめて妥当な、的を得た評価であろう。亡命者は、独裁者スターリンの手駒に過ぎない保安委員の一人であり、一般兵科の軍事知識、軍事機密などを持ち合わせていたとは、とても考えられないからである。

それにしても、極東ソ連からの、この不法越境者に対して日本側は、厚いもてなしで優遇している。亡命者の身柄を拘束した朝鮮軍司令部・大貫将隆第二課長は、参謀本部・本間雅晴第二部長の許可を得て五日間にわたる尋問のあと、その翌日に参謀本部にリュシコフを引き渡した。亡命者は極秘裏に陸路、参謀本部員に伴われて東京へ護送された。その際、陸軍省の別館に、留置場ではなく数室からなる貴賓室をあてがわれたようである。

先に触れた、北海道函館で約四〇年余り前に発生した「ミグ－25」亡命事件のベレンコの場合も、日本の官憲は亡命者を、函館一流の温泉旅館に宿泊させている。論外と言わざるを得ない処遇である。両名とも民間人ではなく、空軍および準軍の脱走兵である。それなりの処置が求められて当然なケースであろう。

防衛庁四二年間の勤務の大半、私は情報分野において席をあたためたが、私自身の担当正面以外のことについては、全くの門外漢でしかない。まして海・空の事柄など理解できていない。従って、この準軍に所属する亡命者リュシコフから提供された情報資料のほとんどが、ソ連軍に関する正確な情報とは、およそほど遠い内容であったに違いない。

従って、リュシコフ情報は当時、わが国参謀本部の年度作戦計画に反映しうるような情報資料の価値を有していなかったと結論づけることができよう。彼がもたらした情報資料の内容は、スターリン大粛清の実態の一部を裏付けるに過ぎなかったとみるべきであろう。

三．事件の影響

一見、風采のあがらない中年のソ連の小役人が今から約八〇年前、亡命を求めて満ソ国境をひそかに越え、日本側にとび込んできた。すでに述べてきた内務人民委員部所属のリュシコフ保安委員（三八歳）である。亡命者は、スターリン独裁体制を陰から支えた、手を血で汚した暗殺者の一人であった。この亡命事件は、単なる殺人者の不法越境ではすまされない側面を孕み、一九三〇年代後半の東アジアにおける歴史の歯車を狂わせた疫病神であった。この事件がその後、ソ連社会、ソ連軍、何にも増して日ソ関係に与えた影響は、計り知れなく大きい。

（一）ソ連国内の動揺と波紋

スターリンはリュシコフ亡命後、相前後して、次のような懲罰人事や極東ソ軍の改編をおこなっている。

・免：内務人民委員　ニコライ・エジョフ
・命：内務人民委員　ラブレンチ・ベリヤ
・免：極東方面軍司令官（解体）　ブリュヘル元帥
・命：第一独立赤旗軍司令官（改編）　シュテルン大将（元極東方面軍参謀長）
・命：第二独立赤旗軍司令官（改編）　コネフ大将
・命：内務人民部・第五九国境警備ポシェット地区隊　グレベンニク大佐

以上のように、リュシコフの亡命によって、クレムリンの中枢に、かのベリヤが登場する。ベリヤ（三九歳）は、スターリンと同郷グルジアの農奴出身である。一八歳で共産党に入り、秘密警察の一員として辣腕をふるう。三二歳にして、グルジア共産党第一書記さらに三年後、ソ連共産党中央委員としてソ連政治暗黒史に躍り出たのである。

内務人民委員エジョフに代わったベリヤは、スターリン粛清の指揮をとり、「大粛清」の総仕上げを演出した。エジョフは一九四〇（昭和一五）年、ベリヤによって銃殺され、その配下も多数が粛清されて、ベリヤに忠実なコーカサス出身者に交替させられた。

ベリヤは一九五三（昭和二八）年三月、スターリン死去後、その後継者マレンコフ体制下、第一副首相に任命され、最高権力を手にするが、長続きはしなかった。同年六月、共産党中央委員会政治局フルシチョフ書記は、ベリヤを国家反逆罪容疑で逮捕・拘束した。ベリヤはその後、特別法廷において弁護人なし、弁明権なしで裁判にかけられ、死刑判決を受け一二月、銃殺刑に処せられた。

グルジア少数民族出身のベリヤによって粛清された人々の数は、計り知れない。血で血を洗う陰惨な暗黒社会・ソ連において、ベリヤの最後は、同じ「血の粛清」によって幕を閉じたのである。それは、スターリンによって内務人民委員に任命された時からの宿命であったかも知れないが、リュシコフの亡命事件から、漣のように波及した当然の帰結でもあった。

（二）極東ソ軍への影響

次章において述べる張鼓峯事件後、極東方面軍司令官ブリュヘル元帥は、同事件発生地域におけるソ連国境警備隊の行動の合法性に疑問をもち、調査委員会を紛争地域へ派遣した。同委員会は、ソ連国境警備隊が約三メートル、満州国境を侵犯したことを突き止めた。ブリュヘルは、ウオロシーロフ国防人民委員（国防相）に宛てて電報を打ち、軍事紛争がソ連側の行動によって引き起こされたことを指摘し、「国境警備地区隊長および日本との紛争を挑発した、その他の責任者の速やかな逮捕」を要求した。

スターリンは、ブリュヘルのこの電報に激怒し、内務人民委員代理フリノフスキーと赤軍政治総局長メリフスの二人を、極東へ急派した。両名に付与された任務は、次のとおりであった。

・リュシコフ逃亡の事情調査。
・共産党極東地方委員会および極東方面軍司令部に対する懲罰勧告。
・極東方面軍司令官ブリュヘル元帥に対する調査。

これを受けた両名は、亡命事件発生の国境地域の調査と併行して、同元帥の名誉を毀損する資料調査と捏造をおこない、それらの資料をモスクワへ送った。

その結果、張鼓峯事件における極東ソ軍に大損害を出した最大の責任者にされたブリュヘル元帥は、極東方面軍司令官を解任されたのである。正確には、当該事件の終結後の八月三一日、スターリン列席のもとに開催された赤軍中央軍事評議会において、次のように決定された。

・極東方面軍を解体し、二個独立軍に改編する。

・極東方面軍司令官の解任。
・軍事衝突事件の全責任は軍司令官にある。

軍人に対する「粛清」でも触れたように、ブリュヘル元帥に対し九月二五日、モスクワでの待機命令が出され、休暇が付与された。そして、その三週間後、内務人民委員部の係官によって逮捕された。同元帥は、逮捕から一八日間、刑務所に収監され、上述したベリヤによる訊問を受け、元帥は一一月九日、刑務所内で息を引き取った。この数か月間、極東方面軍の各級指揮官・幹部多数が粛清されたが、その細部は分かっていない。

その影響は国境警備隊にも及び、国境警備隊ポシェット地区隊長の交代が発令されている。国境警備隊は国家保安委員会に隷属し、七〇〇〇キロにわたるソ連国境を、不法な出入国から守り、国境地区に直接、接する地区の保全手段に全責任をもつ。最大の国境部隊は国境警備支隊で、その下部に国境警備地区隊、さらにその隷下に国境前哨、国境哨所が配置されている。リュシコフ亡命の影響は、国境警備隊の末端組織にも及んだのである。

なお、当時、ハバロフスクを行政中心地とする極東地方は一九三八年一〇月、沿海地方とハバロフスク地方の二つに分割された。これも、スターリンの指示であろう。

(三) 国境紛争・張鼓峯事件の誘発

スターリンがリュシコフ亡命事件(一九三八年六月一三日)後、側近二名を極東に派遣したことは、すでに触れたとおりである。

フリノフスキー内務人民委員代理とメフリス赤軍政治総局長の命令によって、亡命事件発生のポシェット国境警備地区隊の担任区域に対する念入りな監察が開始された。六月末には早くも、騎馬パトロール隊が当該国境地域に出現した。間もなく、ザオジョルナヤ（日本名：張鼓峯）の高地に、初めて国境警備隊が登った。国境警備隊は塹壕を掘り、機関銃を設置し、鉄条網の敷設に着手した。日本軍の偵察隊は七月七日、満州領を監視する三、四名の国境警備隊兵士を、ザオジョルナヤ高地に確認した。

この出来事が発生するまで、国境の向こう側から最寄りのファンチュアンチン村に至る間には、日本人警察官が一人駐在するだけだった。パトロールは、標識さえもない、この国境区域には来なかった。ここは満州領に属していたが、国境警備は朝鮮軍司令部（京城）に任されていた。同地域にロシア兵が出現したため、朝鮮軍司令部は、「高地には少数の国境警備兵が認められたが、そこを確保されることは、日本にとってかなりの脅威となる。張鼓峯からは鉄道をはじめとして、満州側の前進基地が明確に見渡せるからである。従って、東京との協議が必要である」と、結論づけた。

これが、ウラジオストクにほど近い沿海地方南部で、日本軍とソ連軍の大きな軍事衝突に発展することになる、まさに兆候であった。それは西側、日本では張鼓峯事件、ロシアではハサン紛争として知られる日ソ国境紛争の一つである。

この出来事は、リュシコフの亡命事件から派生した、スターリンの命令に端を発していることは、明らかであろう。従って、リュシコフは、翌年五月のノモンハン事件につながる張鼓峯事件という、日ソ両軍の大軍事衝突を招いた張本人であったと言えよう。わが国にとって、招かざる亡命者であったし、誠に迷惑至極な疫病神の迷い鳥であった。

【さらに詳しく知るための参考文献】

『東京朝日新聞』一九三八年七月一五日付〜同年八月一七日付。

M・タンスキー著、宇島正樹訳『ロシア秘密警察』（サンケイ出版、一九七九年）。

檜山良昭『スターリン暗殺計画』（双葉社、一九九六年）。

A・クックス著、小林康男訳「リュシコフ保安委員の亡命」（『軍事史学』第九二号、錦正社、一九八八年）。

中村粲『大東亜戦争への道』（展転社、一九九〇年）。

『朝日新聞』一九九一年九月五日付日曜版。

B・スラビンスキー著、加藤幸廣訳『日ソ戦争への道』（共同通信社、一九九九年）。

石突美香「亡命者リュシコフ」（明治大学『政治学研究論集第一二号』、二〇〇〇年）。

筒井清忠編『昭和史講義』（筑摩書房、二〇一五年）。

筒井清忠編『昭和史講義2』（筑摩書房、二〇一六年）。

五百旗頭真ほか編『日ロ関係史』（東京大学出版会、二〇一五年）。

笠原孝太『日ソ張鼓峯事件史』（錦正社、二〇一五年）。

下斗米伸夫編『ロシアの歴史を知るための50章』（明石書店、二〇一六年）。

麻田雅文編『ソ連と東アジアの国際政治一九一九～一九四一』（みすず書房、二〇一七年）。

第2章

ノモンハン事件を呼び込んだ張鼓峯事件（1938年7月）

張鼓峯《ちょうこほう》事件は約八〇年前、日ソ間で起きた満ソ国境紛争の代表的なものの一つである。この戦闘におけるわが将兵の戦死・戦傷者数は、一五〇〇名に近い。今日、わが国では張鼓峯という場所も、その地名さえも知らない人がほとんどであろう。それでは、祖国日本の平穏と繁栄を信じ、戦場に奮戦して散った同胞将兵に申し訳が立たない。わが先人たちの勇敢と献身を非情な青史の中に埋没させてはならない、と強く思う。

この事件が、前章において述べたリュシコフ事件に端を発し、ソ連の独裁者スターリンの指示によって発生したことは、明らかに他の満ソ国境紛争と趣を異にする。そして、さらに翌年、満蒙国境において発生するノモンハン事件の前哨戦の性格を帯びている異質な国境紛争であった（次頁「張鼓峯周辺地図」参照）。

わが国では歴史の中に置き去りにされている張鼓峯事件であるが、ソ連・ロシアにおけるこの事件に対する取り扱い方は全く逆である。ソ連崩壊後七年も経過した一九九八（平成一〇）年七月、エリツイン・ロシア連邦大統領は同事件六〇周年に際し、「ハサンの栄光の継承者へ」（張鼓峯事件のロシア呼称：ハサン事件）と題する、次のような一文を新聞紙上（ロシア連邦国防省機関紙『赤星』、一九九八年七月三〇日付）に寄せている。

エリツイン大統領は、祖国軍事史の中で特別な位置を占めているハサン湖地区における勝利の戦闘行動六〇周年に寄せ、沿海地方住民に、次のような祝辞を送った。

「日本軍国主義者の突然の侵略により、重大な危険がわが祖国の広大な地方に差し迫り、

張鼓峯周辺地図

笠原孝太『日ソ張鼓峯事件史』(錦正社、2015年)15頁の地図から作成

征服の脅威が数千人のわが同胞の前にのしかかった。

数的に優勢な日本軍との激戦においてわが各級指揮官の統率能力が遺憾なく発揮され、兵卒から将軍にいたる勇敢な将兵たちは、全世界にかってない堅忍不抜性と勝利への闘志を誇示した。侵略者は彼方へ撃退された。

日本軍国主義者の壊滅は、わが国に向けられた極東における彼等の侵略計画に対する深刻な打撃であった。

ハサン湖周辺の戦闘行動における勝利は沿海州、わが国のすべてにとって大きな意義をもった。世界は、いかなる侵略者に対しても、断固たる反撃を加えるわが国の能力を確信した。

感謝の気持に溢れた後世の人々は、六〇年前に神聖なロシアの土地を守りぬいた人々の追憶に敬意を表している」

大統領はハサン湖周辺の歴史的戦闘の参戦者、沿海州住民および全同胞の大いなる成果、健康、幸運を希求した。


一方、ロシア連邦国防省軍事史研究所は二〇〇五年一〇月、国家計画「二〇〇一～二〇〇五年におけるロシア市民の愛国教育」の中で、ハサン湖事件六五周年の記念図書（A・コリチュコフ編『暗雲、国境に立ち込めて』）を出版し、同事件を第二次世界大戦の戦術リハーサルと位置づけている。その図書のカバーには、次のようなアッピールが見られる。

「ハサン湖の戦闘はいかなる資本主義国家も持ち得ない、そして持ち得ないであろう勇敢で、献身的、祖国への限りない忠誠心を、将兵および各級指揮官が発揮した。

第一独立赤旗軍第三九歩兵師団の将兵、各級指揮官、政治勤務者は、神聖なソビエト国境の侵害を企図した日本のサムライたちとの反撃戦闘において祖国、偉大なるボリシェビキ党、愛すべき指導者であり、教師である同志スターリンへの限りなき忠誠心と愛を発揮した。

この戦闘における赤軍はソビエト兵器の威力を示し、どこから来ようとも、いかなる敵をも撃滅する準備態勢を発揮した」

以上のように、張鼓峯事件に対する受けとめ方は当然、日露双方において大きな差異が見られるが、日本軍が当該地域のソ連国境を侵犯した事実もなければ、ソ連領域に軍事侵攻した、いかなる行動も形跡もない。まして、当該地域を攻撃して極東ソ軍と一戦を構える理由も原因も一切、日本側にはなかったからである。事件の発生原因が、すでに指摘したリュシコフ亡命事件にあったことは明白であろう。

わが国において、すっかり忘れ去られてしまった張鼓峯事件を身近に引き寄せ、客観的な事実を整理して、俎上に載せたいと思う。まず、同事件の背景を概観し、事件の内容は出来る限り分かりやすくまとめ、そして事件がその後に与えた影響を検討したい。

一．張鼓峯事件の背景

一九世紀中葉にはじまる西欧列強の容赦なき中国蚕食は、徐々にエスカレートしていく。ドイツによる膠州湾の九九か年租借と山東省の鉄道敷設権および鉱山採掘権の獲得（一八九七年一一月）、ロシアの旅順・大連二五か年租借（一八九八年三月）、フランスは一八九八年一一月、南支の広州湾九九か年租借権を手中に収める。それらに対抗した英国は同年、揚子江沿岸、フランスは海南島へと触手をのばした。

これらに先立って、帝政ロシアは一八六〇年一一月、清国との間で北京条約を結んでいる。これは二年前、ロシアの弾圧により、清国側の屈辱条約といわれている愛琿条約を再確認するもので、中国は北京条約により、沿海州のすべてをロシアに割譲した。そして、この条約が、のちに張鼓峯事件に影響を及ぼしている。

（一）近代日本の国防

近代日本にとって、ロシアの南下を意識した東アジアに対する把握の対象は、国境の画定からはじまって通商・安全保障問題などを処理していくために調査研究を不可欠とする近接した空間であり、その調査研究は、軍事作戦の展開に必要な兵要地誌の作成や外交・通商活動に必要な情報収集という要請を梃子として形成され、それに植民地の領有と経営という目的が付与されていくことになったのである（山室信一「空間アジアをめぐる認識の拡張と変容」『アジア新世紀』、岩波書店、二〇〇二年、四〇頁)。

そして、朝鮮から満州へと広がる問題空間（大陸問題）に対して、いかなるスタンスを採るかという問題は、近代日本の登場から破滅に至る一九四五年までの日本の対外政策を大きく規定していった。それは、「蓋し国家独立自衛の道に二途あり、第一に主権線を守護すること第二に利益線を保護することである。その主権線とは国の彊域を謂ひ、利益線とはその主権線の安危に密着の関係ある区域を申したのである。……方今列国の間に介立して一国の独立を維持するには、独り主権線を守禦するのみにては、決して十分とは申されませぬ、必ずまた利益線を保護致さなくてはならぬ」（一八九〇《明治二三》年一二月六日、第一帝国議会での山県有朋首相演説）として、朝鮮を利益線として保護することを想定していたことからも明らかであった。そして、朝鮮を中国の影響圏から剥離させるために戦われた日清戦争において、朝鮮の中国からの独立を確保すると、その後、この朝鮮問題は日露の関係において設定し直されることになる。つまり、日露戦争は「自個生存の権利のために戦うなり。満州守らざれば、朝鮮守らず、朝鮮守らざれば帝国守らざればなり」（徳富蘇峰）として、朝鮮問題との関係で問題とされたのである（山室信一「文化相渉活動としての軍事調査と植民地経営」『人文学報』第九一号、二〇〇四年、二三一頁)。

主権線というのは国境線のことであり、その国境を守るためには、国境線の先に外敵の侵攻をくい止めるためのゾーンを設け、そのゾーンの外辺となる境界線を利益線として守らなければならないという空間認識に基づく国防論である。つまり、利益線としての朝鮮半島をまず確保し、その後、朝鮮の先の満州、さらに蒙古も支配する必要性から満蒙を生命線という考え方に限りなくつながっていく。

(二)満ソ国境紛争

瀋陽(旧名:奉天)は、中国東北地方最大の都市である。満州事変は一九三一(昭和六)年九月一八日夜、その瀋陽郊外、柳条湖において日中両軍の衝突にはじまった。日本の経営する南満州鉄道のレールが中国側によって爆破され、日本軍が射撃を受けたというのが、関東軍司令部の主張であった。そして、関東軍は、全東北部を一挙に武力制圧した。関東軍を中心とした一部の日本人の手により翌年三月、満州国が設立された。今から八五年前の、のちに多くの悲劇を生む出来事であった。満州国は漢族(七四%)、満族(一六%)、朝鮮族(二%)、モンゴル族など約四三〇〇万人の多民族国家であった。日本人はそのうちの約一〇〇万人にすぎなかったが、満州国の政治的実権を掌握していた。

わが国は一九三一(昭和六)年の満州事変により、中国東北部にがっちりと根を下ろした。既述のとおり翌年三月には、その地に満州国を作り上げた。その結果、関東軍は、延長四〇〇〇キロ(うち、三九〇〇キロは河川・湖沼国境)以上を占める極東ソ連国境沿いのアムール川、ウスリー川、アルグン川の河岸に進出したのである。

日ソ両軍は、国境を隔てて間近くに相対峙することになった。満ソ蒙国境線は従来、不明確な箇所が多々あり、また界標などの施設も、そのうちの多くは損壊して不明となり、そのため、紛争が起こりがちであった。

紛争の多くは、ソ連に接する満州の東部国境、つまり、ハンカ（興凱）湖の南につらなる五六〇キロにおよぶ国境沿いで起きており、そのどれもが全面戦争に発展してもおかしくない可能性を秘めていた。満州事変後から一九三四（昭和九）年までの二年半の間に国境で一五二件の衝突が生じたのに対して、翌年には一三六件、さらに一九三六年には二〇三件に上っている。一九三七年から翌年にかけて、極東ソ連国境地帯の情勢は引き続いて騒がしく、日ソ両軍による軍事衝突などが、次のように頻発した（B・スラビンスキー著、加藤幸廣訳『日ソ戦争への道』共同通信社、一九九九年、九七頁）。

・大規模戦闘	六
・銃撃事件	二六
・国境侵犯	六六
・領空侵犯	二五
・宣伝活動	二六
・領水侵犯	二〇

国境紛争は、対峙する双方の主張の食い違いや些細な接触から鍔《つば》迫り合いや銃撃戦に発展して双方に犠牲者を生む。そして又、彼我両軍の兵力の増強に比例して、事件が多発する傾向を

示している。国境紛争のピークに本稿で取り扱う張鼓峯事件、そして、翌一九三九年夏、決定的なノモンハン事件へと飛び火、拡大していったのである。

二．軍事衝突の経緯

すでに述べたとおり、帝政ロシアの強圧に屈服した中国は、北京条約（一八六〇年一一月）により、中露の共同管理とされていた沿海州をロシアに奪い取られた。それは「隴を得て蜀を望む」ロシアの領土拡張の貪欲さを如実に物語っている。

一九世紀のロシアが、弱体で無防備な中国に対して不平等条約を押しつけることに成功したという事実は当時、特別な国際慣行とは見做されていなかった。欧州列強も又、一つ穴のむじなであったからである。しかし、強力な陸海軍を擁する日本に対し、二〇世紀の三〇年代に同様な強引政策を繰り返すことは不可能であった。そこから、国境紛争、緊張の増大、そして日ソ間の大きな軍事衝突へ傾く直通路につながり、その延長線上に、張鼓峯という小高い丘をめぐる日ソ間の流血の紛争が発生したのである。

(一) 事件発生の直接原因

①ソ連政府高官の極東急派

前章において触れたように、極東ソ連の国境警備を所掌していた内務人民委員部極東地方管理局長リュシコフは、沿海地方ポシェト地域の張鼓峯一帯に、日ソ暗黙の了解によって事実上、不明瞭な国境非武装区域があることを熟知していた。リュシコフは一九三八（昭和一三）年六月一三日、この地区に亡命のための経路を求めて越境に成功し、日本側に転がり込んだのである。

飼い犬に手をかまれた独裁者スターリンが激怒して、側近二名を極東に急派したことも、すでに触れたとおりである。その一人は、内務人民委員第一代理（「ＫＧＢ」長官兼務）ミハイル・フリノフスキーであり、今一人は、赤軍政治総局長（赤軍党組織のトップ）レフ・メフリスであった。つまり、スターリンから全権を委任された内務副大臣と軍内の党機関責任者の二人が極東ハバロフスクへ派遣された訳である。

前者は、スターリンとエジョフ内務人民委員の補佐役として、スターリン大粛清（逮捕、投獄、殺害、追放）を支えた推進者であり、後者は、実質的にソ連陸海軍の党の統制者として、軍内における思想動向を監視する最高責任者であった。軍政治総局長は現在でも、国防相に比肩する軍の実力者であることに変わりはない。なお、フリノフスキーは、このあと二年後にベリヤ内務人民委員によって抹殺されている。

モスクワからハバロフスクへ到着した両名が、内務人民委員部極東地方管理局の統制権と極東方面軍の指揮権を直ちに掌握したことに疑問の余地はない。彼等の指示は、スターリンの命令そのものであったに違いない。フリノフスキーが国境警備隊、メフリスが極東方面軍、特にブリュヘル軍司令官の動向に眼を光らせ、それぞれの人事、配備、部隊運用に至るまで、すべてに容喙したものと考えられる。

同年六月下旬から七月上旬にかけて、リュシコフが日本側に逃げ込んだ地域一帯におけるソ連側の動きが急に活発化した。ソ連兵がこの地域にはじめて姿を見せ、ポシェト湾方面におけるソ連軍の通信状況がにわかに増加したことを、日本側（関東軍）は素早くキャッチしていた。ソ連軍のこれらの動きに対し、わが国参謀本部は七月一六日、同地域の警備を担任する朝鮮軍司令部に警備出動を下命した。この時点で、日ソ両軍の激突が避けられない様相を呈したと見ることが出来よう。

リュシコフの亡命→スターリン側近の極東急派→スターリンの密命→極東方面軍（国境警備隊を含む）の動揺と出動―といった一連の流れが生んだ日ソ両軍の激突が、張鼓峯事件勃発の決定的な原因と考えてほぼ、間違いないものと思われる。

②日本軍憲兵の戦死
羅津憲兵分隊所属と思われる松島朔二憲兵伍長は一九三八年七月一五日、張鼓峯方面の偵察に関する古城守備隊からの支援要請により、伊藤軍曹と共に出発し同日一〇：四〇、同守備隊・佐久間少尉と合流後、張鼓峯西北高地（俗称：将軍峯）に到着した。一行は同日一五：二〇、所要の偵察行動（写真撮影、写景図作成）を終えて佐久間少尉と別れた。

その後、松島と伊藤の両名は同日一五：四〇、張鼓峯西南斜面のソ連軍陣地構築状況を実視し、写真撮影などをおこなった。その際、両名は朝鮮人農夫三名を伴い、農夫に変装して国境線付近において、さらに偵察を続行した。松島伍長は一六：三〇、ソ連国境警備隊の兵士に発見され、狙撃をうけて戦死した。松島伍長の遺体は、ソ連側が強引に持ち去った。

この件は同日、モスクワの西春彦代理大使を通じてソ連側と交渉の結果、ソ軍パイロット（撃墜か不時着か不明）の遺体と交換するという条件で交渉が成立した。羅津憲兵分隊長・山崎直吉少佐を長とする日本側とポシェト地区を管轄する第五九国境警備地区隊長・グレベンニク大佐を長とするソ連側のそれぞれの代表団が九月一七日、満ソ国境（琿春・長嶺子）において会見し、遺体の交換をおこなった。松島伍長は同日付、陸軍憲兵軍曹に特別昇任した。

なお、憲兵について付言すると、憲兵は当時、陸軍七兵科（歩兵、騎兵、砲兵、工兵、輜重兵、航空兵、憲兵）の一つで憲兵隊は、軍事警察権および普通警察権を執行できる機関であった。

陸軍大臣の指揮をうける憲兵司令官（中少将）のもと、朝鮮憲兵隊と関東憲兵隊が置かれ、その隷下に各憲兵隊（中佐）、各分隊（少佐大尉）、各分遣隊（下士官）に区分されていた。関東憲兵隊は満州事変（一九三一年九月）後、陸軍大臣の管下を離れて、関東軍司令官の隷下に組み込まれた。そして、現地指揮官の認可だけで容疑者や犯人を処刑できる途方もない権限が付与されていた。憲兵が部内外で嫌われた所以である。

松島伍長の戦死が張鼓峯事件の引き金になったという見解には少々無理がある。リュシコフ亡命後、ソ連国境警備隊が国境線付近の警備を強化していた地域へ、松島伍長が付与された任務遂行のためとはいえ、深入りしすぎた結果、偶発的に発生した不幸な事件と考えられるからである。しかし、後述するが、この松島事件は、日本側が最初に手を出したという口実を、狡猾なソ連側に与えるまずい結果になった。

③ソ連軍の無線電報傍受

通信情報については、次章において詳述するが、ここでは、張鼓峯事件発生の原因の一つとして、多くの公刊資料でも指摘されているソ連軍国境警備隊の通信傍受電報について簡単に採り上げる。

関東軍特種(通信)情報部は一九三八年七月六日、新任のポシェト地区担当、第五九国境警備地区隊長・グレベンニク大佐がハバロフスクの国境警備支隊本部に宛てた、次のような暗号(四数字)電報を傍受した。

「標高一六八高地(張鼓峯)は国境線上に位置し、戦術上の要衝である。吾もし占領すれば、羅津港を制瞰し、敵もし占領すれば、吾ポシェト湾は眼下にあり。同地区付近には十名内外の日本兵すでに占領しあり。国境警備隊はまず、夜襲により同高地を奪取し、次いで一六八高地を占領するを要す。占領後の陣地構築要領は……」

以上のように、この傍受電報の内容は、第五九国境警備地区隊の動静把握には有効であったが、この内容が直ちに日ソ両軍の激しい交戦の原因になったとは考えにくい。

（二）日ソ両軍の交戦状況

①彼我の戦力投入（集中）

・日本側（朝鮮軍第一九師団基幹）
　歩兵第三八旅団司令部
　歩兵第七五連隊
　歩兵第七六連隊の一個大隊、歩兵砲隊、臨時衛生隊
　山砲第二五連隊（一個大隊欠）
　野戦重砲兵第一五連隊本部および一個大隊
　高射砲第五連隊（三個隊、照空一個隊）
　工兵第一九連隊
　琿春駐屯隊（歩兵二個大隊、歩兵砲一個中隊）
　関東軍支援部隊
　◎総兵力　約八八〇〇名（戦闘参加：約六八〇〇名）
　◎砲兵火力　三七門
　◎戦車　〇
　◎航空機　〇

・ソ連側（極東方面軍第三九狙撃軍団基幹）
第三二狙撃師団
第四〇狙撃師団
第二機械化旅団
砲兵部隊
第五九国境警備地区隊
◎総兵力　約三二〇〇〇名（戦闘参加：約二五〇〇名）
◎砲兵火力　二三七門
◎戦車　二八三両
◎航空機　二五〇機

②戦闘状況（一九三八年七月三一日〜同年八月一一日）
七月三一日（日）：張鼓峯正面に対する日本軍の夜襲攻撃によりソ連軍後退。
八月　一日（月）：日本軍陣地に対するソ連軍の猛砲撃および延一三〇機による空爆。
　　二日（火）：五二高地に対するソ連軍の砲撃と空爆。
　　三日（水）：張鼓峯上の日本軍陣地に対するソ連軍の空爆。
　　四日（木）：五二高地、張鼓峯、沙草峯に対するソ連軍の砲空爆、戦車襲来。

五日（金）：前日と同じ。
六日（土）：ソ連軍、全線にわたり砲撃と空爆強化。
七日（日）：五二高地に対するソ連軍の砲爆撃熾烈。
八日（月）：張鼓峯頂上陣地に対するソ連軍の断続的砲撃。
九日（火）：張鼓峯頂上陣地に対するソ連軍狙撃部隊、戦車と共同作戦。
一〇日（水）：ソ連軍、早朝から砲撃、日本軍も応射。
八月一一日（木）：張鼓峯頂上陣地に対するソ連軍の猛砲撃続行、その後、射撃中止。
一八：五〇　朝鮮軍司令官、停戦に関する軍命令を下達。

③日ソ両軍の被害状況（Ｂ・スラビンスキー、前掲書、一六一頁）

・日本側
戦死数　五二六名
戦傷数　九一四名
死傷率　約二〇％

・ソ連側
戦死数　七九二名
戦傷数　三二七二名

死傷率　　約一八％

張鼓峯事件に対するわが国大本営の作戦基本方針は、絶対不拡大であった。そのため、投入兵力は第一九師団のみに限定し、その上、航空機、戦車の使用を禁じ、火砲も同師団の現有装備にとどめた。さらにその上、師団の攻撃に当たっては包囲・迂回または追撃などのため戦術上の必要があっても、国境線を越えることを認めないという、手足を縛られたような武力行使に制限したのである。従って、第一九師団の兵力損害は、限界損耗率ぎりぎりであった。因みに、張鼓峯事件の一年後、ソ連軍と再び激突したノモンハン国境事件の死傷率は約七〇％であった。

(三) 停戦交渉

①停戦合意

日ソ外交当局は七月上旬、二回にわたり、ソ連国境警備隊に射殺された松島憲兵伍長の遺体返還を含めて張鼓峯をめぐる日ソ両軍の一触即発の危機回避のために交渉を重ねたが、両者の主張には妥協の余地がなかった。

日本外交当局は八月はじめ、日ソ両軍の戦闘激化に伴い、局面の打開に大きく舵を切った。駐ソ重光大使の慎重かつやや怠慢な対ソ交渉に苛立ちを見せた日本外務省は、同大使に対し、より具体的強硬な内容の訓令を打電して交渉の推進を要求した。

重光大使は同月一〇日午後七時、リトビィノフ外相を訪ね、約二時間半に及ぶ会談に臨んだ。席上、重光大使は本国政府の訓令に基づき、現地における日ソ両軍の戦闘行動の停止に関する最終提案をソ連側に突きつけた。その結果、ソ連当局は歩み寄りを示し、両者間における停戦に関する意見が、午後一〇時に一致した。

同大使は一旦、ソ連の提案を大使館に持ち帰り、ソ連駐在日本陸海軍武官と共に慎重に協議した。そこで、重光外相は同日深更、再びソ連外相と会見し、ソ連側の提案を受諾する旨を正式に伝え、停戦協定が完全に成立した。

リトビィノフ外相が示した協定草案の内容は要旨、次のとおりであった。

・日ソ両軍は八月一一日地方時間一二：〇〇、全軍事行動を停止する。
・日ソ両軍は八月一〇日地方時間〇〇：〇〇、占拠中の戦線にとどまる。
・国境線の再確定作業のための日ソ混成委員会を設置する。

②停戦委員会

張鼓峯頂上付近における戦闘（両軍の砲撃）が依然として熾烈をきわめる中、大本営は八月一一日一一：〇〇、朝鮮軍司令部に対し、停戦命令を電話通達した。

それを受けて、朝鮮軍司令官は一六：五〇、停戦に関する軍命令を交戦中の隷下全軍に下達した。軍命令の要旨は、次のとおりであった。

・停戦協定（モスクワ）の成立。
・張鼓峯および沙草峯方面における戦闘行動の停止。
・第一九師団長による停戦委員の発令。
・輸送中の兵站作業の続行。
・敵の攻撃に対する慎重な対処。

第一九師団長は朝鮮軍命令に基づき、停戦委員に、次の三名を指名した。

・委員長　歩兵第七三連隊長　長勇大佐
・委　員　関東軍司令部情報本部　鵜飼芳男中佐（対ソ情報の第一人者）
・委　員　歩兵第七四連隊　香月範正少尉（ロシア語堪能）

他方、ソ連側の停戦委員は、次のとおりであった。

・委員長　極東方面軍参謀長　シュテルン大将
・委　員　第二機械化旅団政治将校　セメノフスキー少将
・委　員　フェドートフ大佐およびワビレフ少佐

・通訳および随員　四名

なお、ソ軍側代表団長シュテルン大将は、フルンゼ軍事アカデミー（大学）東方語学コース出身の軍内きってのエリート将星の一人であった。軍アカデミーは高級幹部養成機関として、参謀本部要員および上級指揮官要員の確保が目的で四校（参謀本部、工兵、砲兵、法務）が設立され、その後、二〇世紀に入り、法務アカデミーに兵站および東方語学コースが併設された。そのシュテルン将軍も三年後、スターリン粛清の犠牲になっている。

③交渉経過

現地停戦会談は、良好な雰囲気の中で三回にわたって開催され、その概要は、次のとおりであった。

・第一回交渉

日時：八月一一日（木）一八：二〇～一八：四五。

場所：張鼓峯東側のソ軍陣地内。

内容：第二回交渉の細目折衝。

・第二回交渉

日時：八月一二日（金）一三：〇〇～〇一：三〇。

場所：防川項の小学校。
内容：全戦闘行動の停止。
八月一〇日（水）二四：〇〇現在の戦線維持、戦闘行動再発時の責任問題。
遺体の交換。

・第三回交渉
日時：八月一三日（土）一二：〇〇〜二二：三〇。
場所：張鼓峯と五二高地の中間地点の学校。
内容：遺体交換の実施（一七：〇〇〜一九：〇〇の間）。
停戦ラインの地図上明示は不調。

（四）叙　勲

日本政府は一九三八（昭和一三）年八月一六日、張鼓峯における日ソ両軍の衝突事件の取扱い方について審議した。その結果、軍事上および一般行政上の取扱い方が事件として処理されることに閣議決定された。従って、張鼓峯事件の論功行賞は、満州事変および支那事変と同様に取扱われることになった。賞勲局は政府の方針決定に基づき、張鼓峯事件における論功行賞の選考作業に着手した。なお、それに先立ち、参謀本部は八月一二日、朝鮮軍司令官に対し、参謀総長の賞詞を下達している。

戦前、わが国陸海軍において武勲のあった軍人軍属に与えられる論功行賞に唯一の武人勲章として金鵄勲章《きんしくんしょう》があった。その金鵄勲章に付随して、軍人軍属の功績を示す等級（一級〜七級）があった。因みに、将官は基本的に功一級〜功三級、佐官が功四級、尉官が功五級、准士官・下士官が功六級、兵卒が功七級に叙されていた。

なお、金鵄勲章には年金（功一級：一五〇〇円、功二級：三五〇円、功七級：一五〇円）が付与されていた。

張鼓峯事件に関する日本側の叙勲は、次のとおりであった（A・クックス著、岩崎博一・岩崎俊夫訳『張鼓峯事件』原書房、一九九八年、三五六頁）。

・金鵄勲章：戦死者全員
・金鵄勲章（生存者）　佐藤幸徳少将（事件当時、連隊長）
　一木義郎中佐（事件当時、大隊長）

一方、ソ連側の叙勲は、次のとおりであった（A・コリチュコフ編『暗雲、国境に立ち込めて』ロシア連邦国防省軍事史研究所、二〇〇五年、七頁）。

・レーニン勲章　第四〇狙撃師団
　第三二狙撃師団
　第五九国境警備地区隊

・ソ連邦英雄　二六名
・その他の勲章およびメダル　六五〇〇名

三．事件の影響

停戦交渉最終日の八月一三日(土)、張鼓峯の激戦地一帯に豪雨を伴った台風が襲った。しの突く雨の中、日ソ両軍の停戦団代表たちは、どのような想いで銃火の途絶えた、その戦場に佇んでいたのだろうか。約二週間の激戦の末、日ソ両軍は、五〇〇〇名を超える戦死・戦傷者を出した。それも、日本とソ連が弱体中国から略取した領域においてである。

疑問ばかりが後味悪く残る日ソの国境紛争であったが、事件のその後を考えておかなければならない。

(一) 停戦協定の違反

極東ソ軍と対峙した朝鮮軍第一九師団の隷下部隊は八月一三日、参謀本部の指示に従い、所定の戦線まで整斉と撤収を終えた。しかし、ソ連軍は日本軍撤収後、ソ連側の主張する国境線づたいに二〇キロにわたり鉄条網をめぐらせ、堅固な野戦陣地を構築した。さらに、翌年の解氷期には重要地点をトーチカ陣地によって強化した。

ソ連側は国境確定交渉の進捗をまたず、事実上の国境線を勝手に作り上げてしまったのである。張鼓峯付近の国境確定には、日ソ双方で国境確定委員会を構成するとして合意したが結局、同委員会は日の目を見なかった。

それに対し、日本側は停戦協定を文字通りに信用して、二週間にわたって死守した戦線から一斉に撤退した。第一九師団の死闘が無意味なものになってしまったのである。

張鼓峯事件の停戦処理を失敗とみた関東軍司令部は事件翌年の四月、「満ソ国境紛争処理要綱」を隷下諸部隊に示達した。これが、翌年五月に満蒙国境において生起した第二の張鼓峯ともいうべきノモンハン事件に大きな影響を与えたのである。

停戦交渉の席上、ソ連側代表のシュテルン将軍が、わが松島憲兵伍長の遺体返還について即断できなかったことからも、スターリンとその一派による指示の絶対性には驚嘆のほか、何ものもない。スターリンという狡猾なグルジア人の企みを洞察できなかった日本外交および軍部当局の責任は、計り知れなく大きい。

（二）張鼓峯事件と極東国際軍事裁判

極東国際軍事裁判は一九四六（昭和二一）年五月三日から一九四八（昭和二三）年一一月一二日にかけ、東京市谷の旧日本陸軍士官学校の講堂においておこなわれた東京裁判のことである。ソ連は、この軍事裁判に張鼓峯事件を持ち出した。そして、すでに触れてきた松島憲兵伍長の一件を、ソ連の検察官が法廷において採り上げたのである。松島憲兵伍長の遺体返還にきわめて慎重であったソ連側の意図が、ここにおいてはっきりと読み取れる。張鼓峯事件をいかにして正当化することに腐心したソ連側が、日本側の挑発を立証する一つの材料として同伍長の越境偵察と射殺を利用したことは、きわめて明白である。この件にも、スターリンの悪知恵が作用していたとは驚きである。

ソ連の検察官は、「内務人民委員会国境警備総局」の報告を証拠として、日本側を追及した。その報告書は要旨、次のように述べている。

・日本軍は七月以降、張鼓峯地区に大部隊を集結し、組織的に国境を侵犯した。
・七月一五日、張鼓峯南斜面に日本憲兵団が侵入した。日本兵一名を射殺した。
・日本軍は七月二九日早朝、張鼓峯地区のソ連国境警備隊を襲撃した。
・日本軍は七月二九日から八日間、同地区のソ連国境警備隊を猛攻、占領した。
・赤軍の戦闘参加により八月一一日、日本軍は粉砕され、ソ連領は解放された。

この報告書によると、ソ連側は一歩も満ソ国境に侵入せず、日本軍の攻撃にひたすら耐えたことになる。日本軍が一方的にソ連国境を侵犯し、ソ連を攻撃したという主張である。そして、東京裁判はソ連検察官の主張を全面的に認めたのである。事実の一八〇度逆転も甚だしい。この判決こそ、まさに茶番劇であり、この一斑を以て東京裁判の全容を推察できよう。荒唐無稽にも程がある勝者の独善であった。

仮に、この裁判が妥当だとしても、東京裁判の管轄権は第二次大戦に限定されるべきである。

張鼓峯事件は、ソ連側の対日参戦の口実の一つにはなり得たろうが、直接的な原因になろうはずもない。一〇年も前の、この事件を臆面もなく持ち出す厚顔無恥なスターリン・ソ連のあくどさは論外である。前章において述べたリュシコフの亡命事件は、スターリンにとって余程、堪えたのであろう。スターリンは張鼓峯事件を策謀し、リュシコフの亡命をその中に密閉して、張鼓峯事件の自らの正当性を公言するために、極東国際裁判を利用したものと考えるのが妥当であろう。

張鼓峯事件の最悪の影響は、日ソ国境紛争の最終局面となる満蒙のノモンハン事件を呼び込むことになる。

【さらに詳しく知るための参考文献】


朝鮮軍司令部『張鼓峯事件の経緯』昭和一三年八月三〇日（防衛研究所）。

中村敏『満ソ国境紛争史』（改造社、一九三九年）。

『東京朝日新聞』一九三八年七月一五日～同年八月一七日付。

稲田正純「ソ連極東軍との対決」（『別冊　知性』河出書房、一九五六年）。

防衛研修所戦史室『戦史叢書　関東軍（一）対ソ戦備・ノモンハン事件』（朝雲新聞社、一九六九年）。

防衛研修所戦史室『戦史叢書　陸軍航空の軍備と運用（二）』（朝雲新聞社、一九七四年）。

岡部牧夫『満州国』（三省堂、一九七八年）。

防衛研修所戦史室『戦史叢書　陸軍航空作戦基盤の建設運用』（朝雲新聞社、一九七九年）。

中村粲『大東亜戦争への道』（展転社、一九九〇年）。

中山隆志「張鼓峯事件再考」(『防衛大学校紀要』第七〇輯、一九九五年)。

中村粲『張鼓峯事件』(国民会館、一九九六年)。

B・スラビンスキー著、加藤幸廣訳『日ソ戦争への道』(共同通信社、一九九九年)。

A・クックス著、岩崎博一・岩崎俊夫訳『張鼓峯事件』(原書房、一九九八年)。

ロシア連邦国防省機関紙『赤星』一九九八年七月三〇日付。

朝鮮憲兵隊司令部『朝鮮憲兵隊歴史』(不二出版、二〇〇〇年)。

東洋協会調査部『東洋協会調査資料』(二〇〇二年)。

山室信一「空間アジアをめぐる認識の拡張と変容」(『アジア新世紀』、岩波書店、二〇〇二年)。

山室信一「文化相渉活動としての軍事調査と植民地経営」(『人文学報』第九一号、二〇〇四年)。

山室信一『キメラ―満州国の肖像』(中央公論社、二〇〇四年)。

佐藤守男『情報戦争と参謀本部―日露戦争と辛亥革命―』(芙蓉書房出版、二〇一一年)。

笠原孝太「ソ連軍(ロシア側)からみた張鼓峯事件(『軍事史学』四九―三、二〇一二年)。

加藤博章「シベリア出兵における軍事関係」(『軍事史学』四八―三、二〇一二年)。

筒井清忠編『昭和史講義』(筑摩書房、二〇一五年)。

五百旗頭真ほか編『日ロ関係史』(東京大学出版会、二〇一五年)。

笠原孝太『日ソ張鼓峯事件史』(錦正社、二〇一五年)。

下斗米伸夫編『ロシアの歴史を知るための五〇章』(明石書店、二〇一六年)。

筒井清忠編『昭和史講義2』(筑摩書房、二〇一六年)。

麻田雅文編『ソ連と東アジアの国際政治一九一九～一九四一』(みすず書房、二〇一七年)。

横山幸雄『特種情報回想記』（防衛研究所戦史研究センター）。

第3章

昭和陸軍の対ソ通信情報活動

通信情報活動とは、平戦両時を問わず、国際・国内政治、外交、軍事、経済分野などにかかわりなく、敵味方に関係なく、時と所を選ばずに空間を無差別に飛び交う複雑多岐にわたる電波通信を傍受して、あるいは受信して、対象の意図を事前に察知し、その内容を調査分析する情報活動をいう。そしてさらに、その活動は、当該通信の秘匿度を一切、問うものではない。このように、一般的になじみのうすい通信情報活動を自己流に定義づけても、自らの通信情報に関する理解度は正直、きわめて怪しいものである。

英国稀代の政治・軍略家チャーチル（一八七四年〜一九六五年）が、「国政を正しく判断する手段」として通信傍受信の重要性を説いているように、高度な通信情報収集活動が国家の生存にとって不可欠であるという現実は今も、今後も不変であろう。

そこで本章では、前提部分がやや長くなるが、自らが身をもって体験した通信情報活動の好例を、以下に採り上げて導入部にしたい。

まず、その一つは、私が今から約六〇年前、当時の防衛庁勤務時に従事した極東ソ連における局地ラジオ放送の受信・翻訳業務である。この業務は当初、米軍の「ＦＢＩＳ」（外国放送情報部、Foreign Broadcasting Intelligence Service）から提供された参考資料に基づいて開始された。翌一九五九（昭和三四）年三月、中央からの通達によって、細部実施要領が示され、業務の根拠が明確になったものである。

一九六〇（昭和三五）年当時、ソ連における国内向けラジオ放送の番組は、中央局であるモスクワの全連邦ラジオと各地のローカル局（ローカルラジオセンター）によって制作されており、全国に点在する送信所から放送されていた。各地のローカル局は、行政上の区画（連邦構成共和国、地方、州、自治共和国、自治州、自治管区など）に基づき、各行政中心都市に設置されたテレビ・ラジオ委員会（勤労者代表各ソビエト常任委員会）がその運営にあたり、それぞれの局地内を対象としたローカル番組の制作・放送、全連邦ラジオ中継などの業務をおこなっていた。なお、ソ連全領域には約一八〇の国内向け放送センターがあり、使用されている言語は七〇種類におよび、全体の三分の二が二種類以上の言葉で放送されていた。

極東ソ連における局地ラジオ放送局はアムール、チタ、イルクーツク、カムチャットカ、マガダン、サハリン各州、ハバロフスクおよびプリモーリエ各地方の中心地に、それぞれ置かれていた。また、太平洋、インド洋、北極海を航行する船舶向けに毎日、ウラジオの太平洋ラジオ放送局がニュースを流していた。これらのラジオ放送から期待される情報資料は概ね、次のとおりであった。

・一般社会情勢。
・共産党、行政、治安（民警）の動向。
・地域における軍（国境警備隊）の活動（主として災害派遣、援農、スポーツ）。
・船舶（海洋、河川）、造船所、民間航空、港湾の状況。
・鉄道、道路、パイプライン、通信の状況。

・石油、石炭工業の生産状況。
・農水産業の現況。
・製紙、林業の生産状況。
・建設事業。
・電力、熱供給事情。
・民間防衛組織、コムソモール（共産青年同盟）、ピオネール（共産少年団）、ドサーフ（陸海空軍後援会）の活動。
・天気予報、その他。

米軍の「ＦＢＩＳ」組織は国防総省、「ＣＩＡ」（中央情報局、Central Intelligence Agency）、「ＮＳＡ」（国家安全保障局、National Security Agency）、それとも別の系列か、正確な所属は明らかではない。恐らく、「ＣＩＡ」に隷属しているものと思われる。いずれにしても、同組織は、全世界的な規模で対象国のすべての局地ラジオ放送を受信し、その翌日には、それらの翻訳資料がワシントンのデスク（米政府機関）に報告されていたようである。膨大な作業が予測されるが、米国の情報収集努力のスケールは到底、わが国のそれと比べうべくもない。この「ＦＢＩＳ」の情報資料が、いかなるルートで防衛庁（当時）へ提供されていたのかは不明であるが、極東地域、特に千島列島を含む樺太の状況については詳細に把握されており、その正確度の高さは驚嘆に値するものがあった。

隣接諸外国地域における情勢把握は勿論、わが国の防衛と無関係ではありえない。私が約一二年間に亘って受信・翻訳した膨大な情報資料が今、どのように整理され、いかに活用されているのかを知る術はない。たとえ、消極的・受動的手段であっても、収集可能な情報は何でも集めるという、迫力に満ちた情報収集努力が、わが国では日露戦争以後、伝統的に欠如していたように思われる。その当時、極東ソ連の状況を日々、確認できる唯一の情報資料源は、局地ラジオ放送の受信以外になかった。地方の新聞（統制品）が、たまに入手されると、秘密文書でも手に入れたような感じの時代背景であった。

やや余談になるが、私が受信資料から作成した樺太縦貫鉄道の建設現況が、ある治安機関に提供（情報交換）された。その情報資料が後日、その機関から我が方に対し、間違って再提供されたことがあった。すると、その資料が極めて高い評価を受け、上級機関に直ちに報告された。これは、身近な情報資料の軽視の一例に過ぎないが、どのような情報資料であっても、紙背に鋭利な嗅覚を突き刺すことが大切である。小さな情報資料の中にも、大きな価値を見出すことがしばしばであるからである。

これが、通信情報活動（ボイス通信）の一つである。

今一つの好例は今から約三五年前、北海道稚内北西海域において発生した「大韓航空機007便撃墜事件」時の通信情報活動である。事件当時、私は防衛庁（当時）陸上幕僚監部調査部調査別室東千歳通信所に勤務していた。そして、この事件当夜の情報当直幹部が私であった。

この民間大型旅客機を戦闘用の「空対空」ミサイルによって撃墜したソ連防空軍迎撃戦闘機の暴挙は、次章「戦後陸海空三つの悲劇」の中で詳述するので、ここでは、その当時の通信情報活動について簡単に触れておく。

北海道千歳空港から北東数キロ一帯になだらかな丘陵が広がっている。その一角に東千歳通信所がひっそりと所在する。それは、かって「ｋｕｍａステーション」と呼ばれていた米軍の通信傍受施設が一九七一（昭和四六）年七月、陸上自衛隊に移管され、その後、高性能無線電波傍受用施設（「象の檻」）などを付設・拡張された国内最大の通信傍受機関である。

東千歳通信所は沿海州、サハリン（樺太）、千島列島、カムチャットカ半島など極東ソ連に展開する陸海空各部隊の通信傍受を任務とする。その隷下に稚内分遣班と根室分遣班が配属されている。

一九八三（昭和五八）年八月三一日（水）、東千歳通信所における当夜の陸海空の勤務員たちは、それぞれの担当正面の通信状況、つまり異常目標（電波通信）を注意深く捜索していた。その時刻、正確には九月一日（木）〇〇：五三、航空自衛隊の勤務員が、カムチャットカ方面における異常電波を捕捉した。

それは、アリューシャン列島に所在するソ連防空軍早期警戒管制レーダー基地からカムチャットカ・ペトロパウロフスクの上級司令部に宛てた航跡座標数字モールス通信であった。さらに傍受を継続しているうちに、この目標（識別不明機）に対して数機のソ連迎撃戦闘機が接近する航跡座標数字モールス通信が傍受された。

ソ連防空軍ではしばしば、航跡座標数字をレーダー基地から上級司令部へ打電して、情報報告の流れをチェックする通信訓練を実施している。その場合、通常、報告通信の中に「訓練目標」を意味する隠語数字が打ち込まれる。しかし、この場合は逆に、「実目標」を意味する隠語数字が同時に捕捉された。

このモールス通信を捕捉した空自のクルー長は、国別不明の侵入機がソ連防空軍の迎撃戦闘機に追尾されていると判断して、直ちに仮眠中の情報当直幹部（私）に急報したのである。この時の識別不明機が、ソ連の戦闘機によって撃墜された「大韓航空機００７便」（犠牲者二六九名）であった。この第一報（兆候情報）が、のちに国連安全保障理事会の開催を招き、米ソ冷戦の激化と共に世界を震撼させた事件に発展するとは、この時点で予想だにできなかった。

これが、通信情報活動（モールス通信）の一つである。

以上、通信情報活動を理解するために卑近な二つのパターンを例示した。ここで、論点を本題に戻し、昭和陸軍の、ソ連を睨んだ通信情報活動に視点をあてる。つまり、わが国の通信情報活動の揺籃期を回顧し、整理しておきたい。まず参謀本部、そして関東軍、朝鮮軍にも言及したいが、この辺りの史料状況がきわめてうすい。終戦処理の影響をまともに受けている。

一九四五（昭和二〇）年八月、屈辱の今次大戦降伏時、わが国通信情報活動の中枢は、陸軍中央特種情報部であった。その主力は当時、東京田無から高井戸の浴風園という養老院の建物に疎開していた。特種情報部は昼夜をわかたず敵国や中立国のラジオ放送を傍受・受信していたが八月一一日、シドニーのラジオ放送で「日本がポツダム宣言を受諾した」というニュースをキャッチした。

それを受けて、陸軍中央特種情報部は、直ちに終戦処理に着手し、膨大な暗号関係の資料や暗号解読関係の機械の廃棄処分を強行した。その辺の事情について当時、特種情報部の企画運用を担当していた第一課長・横山幸雄中佐の手記（堀栄三『大本営参謀の情報戦記』文藝春秋、一九九六年、二七六頁）の中に認められている。

「暗号解読のための資料は、紙一片と雖も残さず一切焼却し、黒煙が三日間に亘って高井戸の空を焦がし、機械類はその一片に至るまで破壊し、暗号書の一部は土中深く掘って埋め、如何に占領軍が特情部の仕事と内容を追求しても、その解明は不可能な状態とした。更に将来の米軍の追跡調査を予想して、陸軍の編成表から特情部の名称を消し、特情部の主要人物の姓名を、陸軍省の人名簿から抹消する処置もとられた。

かくて一切の処置を終った特情部は、西村敏雄特情部長以下殆ど全員が浴風園の特情本部裏の広庭に集って、八月一五日の天皇の玉音放送を待った。玉音放送を聞き終わるや否や、西村特情部長から悲壮な解散の詞があり、あらかじめ指示されていた通り、一人残さず全国に散って地下に潜ってしまった」

このような事情から、当時の通信情報活動の内容を把握することは、とても難しい。従って、記述の内容は、制度史に軸足を置かざるを得ない。その中から、通信情報活動にかけた昭和陸軍の足跡を求めたい。

一．参謀本部から始まった対ロシア情報活動

わが国の参謀本部は欧米諸国と同様、ドイツ参謀本部をモデルとして作られ、やがて陸軍の軍制もフランス式からドイツ式に変わっていく。陸軍省から参謀局を切り離し、参謀本部の独立を推進したのは、明治の元老・山県有朋（一八三八年～一九二二年）であった。

わが国に参謀本部が初めて誕生するのは一八七八（明治一一）年一二月、今から約一四〇年も前のことである。アジアに対する欧米列強の経海侵略と共に、帝政ロシアの大陸南下侵略政策は、日本陸軍にとって長期的に見て最大の脅威であった。参謀本部の創設と同時に、わが国の対ロシア情報活動が開始されたのである。

（一）参謀本部と大本営

まず、参謀本部と大本営の制度史について理解しておく必要がある。

「大本営陸海軍部発表。帝国陸海軍は本八日未明、西太平洋において米英軍と戦闘状態に入れり」――一九四一（昭和一六）年一二月八日午前六時――この悪魔の囁き（虚偽・詐妄）を前大戦中に八四六回も言葉をかえて呟き続けたのが、大本営という実体のない、得体の知れない組織

であった。

大本営は日清戦争（一八九四年〜一八九五年）、日露戦争（一九〇四年〜一九〇五年）時にも設けられたが、支那事変（一九三七年〜一九四五年）に際して、それまでの戦時大本営条例（明治二六年勅令第五二号）を廃し、大本営令（軍令第一号「天皇ノ大纛下ニ最高ノ統帥部ヲ置キ之ヲ大本営ト称ス」）を公示して大本営が設置された。

平時にあっては、参謀本部（陸軍）と軍令部（海軍）が天皇の統帥を補佐する専門機関であったが、戦時には陸海軍を統一した統帥補佐機関として大本営が置かれた。

形式上、平時編制の参謀本部・軍令部に動員下命され、戦時編制の大本営陸軍部・海軍部となる。しかし、平時編制の参謀本部や軍令部が組織として解消される訳ではなく、従前どおり、機構として残り続けたのである。

一九三七（昭和一二）年をもって、参謀本部・軍令部の実体が大本営に移行したと見る向きもある。参謀本部に大本営陸軍部、軍令部に大本営海軍部という看板が併設されただけで、大本営という実体は何もなく、有名無実の呼び名だけであったようである。天皇を前面に押したて、大本営という呼称の重みによって陸海軍の権威を誇示しようとしたものと考えられる。従って、陸海軍の統帥権は、参謀本部と軍令部が掌握していたと見るべきであろう。先に、得体の知れない組織と指摘した所以である。

(二) 通信情報活動の特徴

この情報活動の特質は、他の人的情報や文書情報と異なり、高度な電気通信工学の知識および傍受通信対象国の語学能力を必要とすることである。通信情報という分野（モールス通信とボイス通信）は、対象国軍の各部隊が発する通信を傍受し、分析して、その編制組織、指揮系統および行動要領を秘匿裏に把握することをいう。

通信情報の主たる対象傍受通信は、傍受可能なＨＦ（短波）通信ということである。ＨＦは長距離に伝播していくので、原則的には地球上、どこから発信された電波でも傍受可能となる。対象国軍の通信を組織的に捕捉し、内容を解明すれば、仮想敵国軍の情報が収集できることに着目した各国の軍隊は、通信傍受の専門部隊を編成するに至り、通信情報活動部隊が出現することになった。わが昭和陸軍でも専門の通信情報部隊を編成し、満州事変（一九三一年）でも活躍している（田中賀朗『大韓航空機００７便事件の真相』三一書房、一九九七年、二七六頁）。

このＨＦ（短波）通信は、傍受に弱い上に電波伝搬上、気象条件に左右されやすいという欠陥をもつ。従って、各国軍隊が使用すら通信手段の主体は、より確実な交信のできる、かつ傍受されにくいＶＨＦ（超短波）、ＵＨＦ（極超短波）、ＳＨＦ（超高周波）などに移っている。これらの電波は、脇から傍受不能で、ＶＨＦでさえ、傍受可能な距離は一〇〇キロ程度である。

しかし、ソ連の領域は、余りにも広範囲にまたがりＶＨＦ、ＵＨＦ、ＳＨＦなどの短距離性の電波を使用する通信では、送受信設備の維持管理に莫大な経費を要することからも、ソ連地上軍の通信の主体は、一貫してＨＦモールス符号を電鍵で操作して通信する形式をとっている。

以上のような通信傍受から収集された情報資料は次の段階、つまり通信調査および暗号解読という過程に、その処理が託される。通信調査とは、対象が送信する通信文に付けられる自己部隊と相手先部隊の呼出し符号、使用周波数および通信士の電鍵操作上の個癖などを丹念に収集分析し、部隊間の通信系統（通信系図）を割出すことによって、敵部隊の編成組織、指揮系統を解明する作業をいう。暗号解読は、対象の使用する暗号を読み解き、相手の行動意図を事前に把握し、対象に先んじて手を打つための、通信情報活動における不可欠な作業である。それらはすべて、私の担当正面外の業務であり、知識の持ち合わせもない。

そこで、通信情報勤務と語学（ロシア語）の関係について若干、触れておきたい。

通信情報勤務と語学の関係は不可欠、不可分なものである。対象国の通信情報収集活動において、その対象国の言葉の理解なしには一歩も前へすすまない。

情報資料の収集努力（指向）、収集（活動）、処理（評価）、使用（判定）のどの分野を取り上げても、すでに述べたように対象国の言語を無視した作業などありえない。とりわけ、ボイス通信資料の収集活動においては、なおのことである。

通信情報活動に平時も戦時もない。そして、平時こそ肝要であり、予想される複雑な様相に対して万全の備えが必要である。その意味において、平素の情報活動の中で、対象外国語の位置づけを真剣に考慮しておくことが大切である。

情報勤務者にとって、諸外国の語学習得は必須条件であり、そして、限界のない対象でもある。それは、一般職種部隊の戦闘技量に匹敵するものであり、反覆演練あるのみである。いかにして、ボキャブラリー（語彙、vocabulary）を拡大するかということが大切である。知らない単語を何度聴取しても理解できないからである。例えば、ラジオ放送で「メチェーリ」（露・吹雪）は「チェーリ」にしか聴き取れない。つまり、「メ」は聞こえない。従って、辞書を片時も離さずに単語を覚えるしか上達の道はないのである。卓越した語学能力のみが、通信情報活動、とりわけボイス通信における勝敗の鍵を握っている。

（三）陸軍中央特種情報部の創設

わが国参謀本部は、対ソ通信情報活動に大きな関心を寄せながら、通信情報（特種情報）要員の確保・拡充および通信器材の整備などに十分な努力を傾けなかった。参謀本部元ロシア情報担当幹部の一人が戦後、「もっと多数の人数をこの方面にあて、かつ科学諜報（通信情報）勤務者に対する進級、昇給などについても優遇策を考慮すべきであった」と述懐している。米英の大規模な国家予算の投入、組織的な通信情報活動に比し、わが国参謀本部のそれは、余りにも貧弱であったと、いわざるを得ない。なお、これらの指摘は、防衛庁（当時）陸上自衛隊の通信情報を含めた情報活動にもぴったりと当てはまるから不思議である。

ただ、わが国の暗号解読に対する取組み方は積極的であった。HFモールス通信に対する通信情報活動には、大きく分けて二つの分野があることは、すでに述べた。その一つは通信調査であり、他の一つが暗号解読である。後者については一九二一（大正一〇）年、外務省の電信課分室に陸軍、海軍、外務省、逓信省の四省連合の暗号研究会として呱々の声をあげて以来、幾多の変遷を経て、陸軍特種情報部を作り上げきた日本陸軍暗号解読および暗号作成の唯一の機関は一九四五（昭和二〇）年八月一五日、玉音放送とともにインカ帝国（一五〇〇年代、南米に出現したアメリカ・インディアン種族による帝国）の如く、一片の紙も残さず消滅してしまった。それは創設以来、わずかに二五年の歴史であった。

第一章において述べたリュシコフ亡命事件を奇貨として、わが国の対ソ通信情報活動が推進されたという向きもあるが、やや疑わしい話である。内務省の小役人がポーランド陸軍や日本陸軍の暗号解読に関する知識を持ち合わせているとは、とても思えないからである。しかし、この事件と時を同じくして、わが国陸軍の通信情報活動に転換期が訪れている。恐らく、偶然であろう。

昭和一二（一九三七）年一一月二〇日、「大本営陸軍部幕僚業務の分担規定」によれば、第二部の担任業務は、次のとおりである。

・第五課　ソ連邦及びその隣邦諸国の軍事、国勢、外交、作戦資料及び兵要地誌。
・第六課　第五課、第七課担任以外の外国の軍事、国勢、外交、作戦資料及び兵要地誌。
・第七課　中華民国及び満州国の軍事、国勢、外交、作戦資料及び兵要地誌。
・第八課　対外一般の情勢判断に関する事項、謀略防諜宣伝並びに国内情勢に関する事項、科学諜報の運用に関する事項。

昭和一三（一九三八）年一一月二〇日、軍事機密「大本営陸軍部将校、各部将校、高等官職員表」によれば、第二部第五課には、次の名前が記載されている。

・課　長　川俣雄人大佐
・参　謀　宇野市郎大佐
・参　謀　斯波行雄少佐
・幕僚附　少佐四名、大尉六名

昭和一四（一九三九）年一月二四日、参謀本部第一部第三課（組織・動員）作成の機構改正案によれば、第一八班の担任業務は、次のようになっている。

・科学諜報の計画、実施及び之が防衛に関する事項。
・科学諜報に関する調査、研究。
・科学諜報要員の教育。
・空界防諜に関する業務。

昭和一四（一九三九）年三月一〇日、軍事機密「大本営陸軍部将校、各部将校、高等官職員表」に初めて上記の第一八班が登場する。同班は参謀総長の直接の指揮下にあり、将校一六名の名前が並んでいる。第一八班の人員区分表は、次のとおりである。

・少将（大佐）　　一
・佐尉官　　二四
・准士官・下士官　　五　　合計　　三〇名
・通訳官　　六
・技師　　五
・判任文官　　九四　　合計　　一〇五名

このように、第一八班の総員は少将（大佐）以下一三五名、そのほかに雇傭人二四名の合計一五九名の組織でスタートした。その業務こそ、通信情報活動そのものであった。そして、昭和一八（一九四三）年七月一四日、軍令陸甲第六六号により、中央特種情報（通信情報）部として独立し、終戦まで通信情報活動を継続したのである。

中央特種情報部は、参謀総長に直属（参謀本部第二部長区処）し、特種情報に関する調査、研究、要員教育のほか、関東軍、支那派遣軍等の特種情報部に対する監督・指示を実施した。その任務および機構の概要は、次のとおりである。

・任務：大本営（参謀本部）の戦争指導のための国際特種情報（通信情報）および国防に必

要な作戦特種情報の収集。

・機構：本部（東京赤坂一ツ木町）、研究部（東京杉並区高井戸）、通信所（北多摩、埼玉県福岡村、兵庫県小野町）。

・人員：部長（少将）、将校および高等文官（九二名）、下士官および判任官（一一九名）その他の職員（三一一名）。

合計　五二二名

・通信所：将校（通信要員一六名）、下士官（傍受員一〇四名、探知員八名、無線員六名）、兵（傍受手三〇八名、探知手三二名、無線通信手二四名）、ほか三一名。

合計　五三〇名

・重点指向：重慶周辺の国際通信および西部太平洋の米系通信。

なお、参謀本部第一八班・陸軍中央特種情報部の生みの親は、一九三八（昭和一三）年六月一九日、亡命者リュシコフを朝鮮軍司令部から参謀本部へ連行した斯波行雄中佐（陸士三四期）であった。同中佐は一九三九（昭和一四）年八月、ノモンハン事件において戦死した。

二．関東軍が強化した通信情報活動

関東軍とは満州方面軍のことである。この名称も、存在していた事さえも知る人は、今や、きわめて少ない。関東軍には、比類なき精鋭軍という代名詞と終戦時、満州の在留邦人を見捨てたという最悪のイメージが重なり合う。

関東軍は、国運を賭した日露戦争勝利の栄光を約四〇年間にわたって背負い続け、幻のように満州の広野に露と消えた悲劇の兵団と言えよう。

（一）関東軍の歴史

「関東」という呼び名は、中国と満州を隔てる山海関の東の意味である。満州の相当広い範囲を含めた範囲を含めた呼び方であるが、一八九八（明治三一）年に遼東半島の先端部分を租借したロシアが、これを関東州と呼び、日本もその呼称を踏襲したものである。

日露戦後、ポーツマス講和条約（一九〇五《明治三八》年九月）の成立により、満州軍総司令部は自軍の撤退後、代替機関として関東総督府の設置を要望した。関東総督府勤務令が同年九月二六日に制定され、総督府は遼陽に設置された。

同年一〇月一八日、新設の第一四師団（宇都宮）、第一六師団（京都）が関東総督の指揮下に入った。ここに初めて、関東軍の前身、満州駐劄師団（計約一万名）が誕生したのである（次頁「満州国地図」参照）。

一九一九（大正八）年四月一一日、関東軍司令部条例（軍令陸第一二号）が裁可され、関東軍が誕生した。同条例の骨子は、次のとおり。

・関東軍司令部は、陸軍大（中）将をあて、天皇に直隷し、関東州および南満州所在の陸

満州国地図

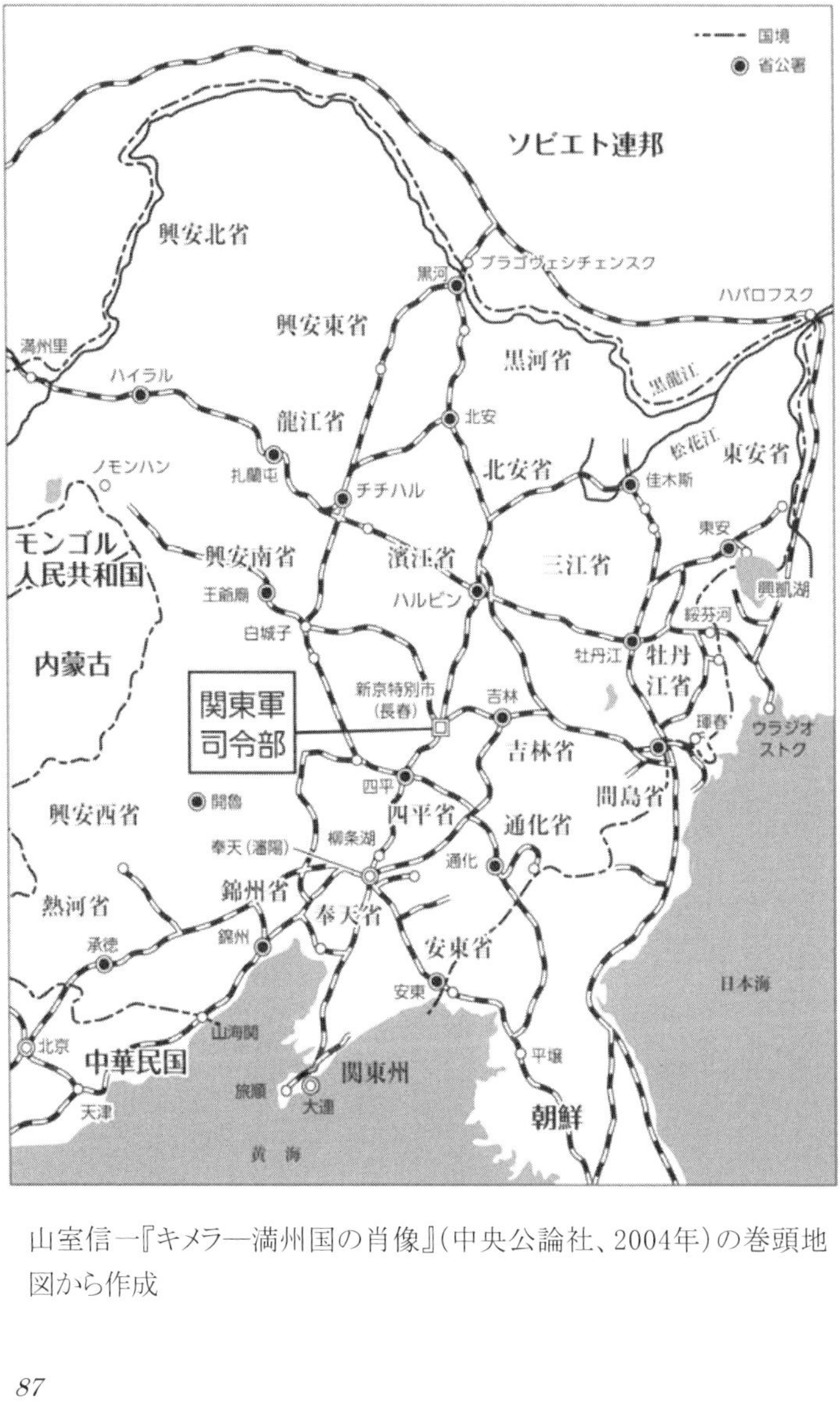

山室信一『キメラ―満州国の肖像』（中央公論社、2004年）の巻頭地図から作成

軍諸部隊を統率し、かつ関東州の防備および南満州に在る鉄道の保護に任ずる。
・軍司令官は軍政、人事は陸軍大臣、作戦および動員計画は参謀総長、教育は教育総監の区処をうける。軍司令官は関東州の防備および鉄道保護のため、兵力を使用できる。
・関東庁長官から管轄区域内の治安維持のために要請を受けたとき、兵力を使用できる。
・関東軍司令部には参謀部、副官部、兵器部、経理部、軍医部、獣医部、法官部をおく。

初代関東軍司令官は、立花小一郎陸軍中将が任命され、満州駐屯の一個師団と独立守備隊を統率した。

その関東軍の対ソ通信情報活動が本項記述の狙いであるが、その前に関東軍の歩みを、簡単に振り返る。

第一期：創設（一九〇五《明治三八》年）～満州事変（一九三一《昭和六》年）
・約二五年間、兵力は二年交替の一個師団と独立守備隊の合計約一万名。
・満州事変時、一時的に四個師団に増加した。
第二期：満州建国（一九三二《昭和七》年）～ノモンハン事件（一九三九《昭和一四》年）
・約七年間、三個師団で全満州の防衛を担任。
第三期：ノモンハン事件～ソ連侵攻（一九四五《昭和二〇》年）
・関東軍は、対ソ防衛のため華北、内蒙に親日満勢力を扶植する謀略工作を推進。

・約六年間、北方背面の総後衛と総兵站基地の役割を負担。

一九四五（昭和二〇）年八月、ソ連軍の突如の侵攻を受けた関東軍は、かつての精鋭軍の面影はどこにもなく、ソ連軍の思うがままの馬蹄の前に無残にも屈辱的な完敗を喫したのである。

（二）関東軍の対ソ認識と情報組織の強化

一九三二（昭和七）年三月、満州建国によって、中国東北部における日ソ両国の権益摩擦の発生（国境紛争の頻発・激化）が生じたことは、すでに述べてきた。共産ソ連は、第一次・第二次五か年計画を着実に推進させて国力の充実、とくに軍備拡大に着手し、極東ソ軍の充実に意を用いた。

一九三三（昭和八）年六月、対ソ最前線に立つ関東軍参謀部の「対ソ情勢見積り」の骨子は、次のとおりである。

・ソ連は、自ら進んで日満両国と対決する心算はない。
・満州事変以降、極東ソ軍の兵力増強は、日本の侵攻を恐れる防御的姿勢である。
・わが国の満蒙経略の強化こそが、北満に対するソ連の侵略意図を減衰させる。
・ソ連は国内に不安要素をもち当分の間、現状維持に終始する。
・わが国は強力な軍事力をもって、満蒙経営に全力を傾注する。

・好機があれば、敵勢力を一掃する戦闘準備態勢を確立し、ソ連を刺激しない。

一九三七（昭和一二）年七月、支那事変が勃発し、戦火は次第に中国全土に波及した。それと共に、日ソ国境紛争は、日ソ双方の兵力増強に伴い、それぞれの主張が激化の様相を呈するに至った。

関東軍は情報部機構の再編、情報業務の刷新、野戦情報隊の新設準備に着手して、情報組織の体制強化に乗り出している。特務機関以外の情報業務については、無線諜報（通信情報）および向地視察班の画期的強化が企画された。

（三）関東軍の対ソ通信情報活動

ソ連は、日本陸軍にとって最大の仮想敵国であった。シベリア出兵（一九一八年）以降、満州における対ソ情報活動の中心的役割を果たしたのは関東軍であった。そこで、満州建国（一九三二年）後における関東軍の対ソ通信情報活動の推移を、以下に列挙する。

一九三二（昭和七）年

・ハルビンに対ソ特設受信所（人員一四名、受信機二台）を創設し、関東軍司令部の新京移駐に伴い新京へ移設。

・関東軍参謀部第二課別班（対ソ情報業務の中心）設置。

一九三三（昭和八）年
・新京の南部・南嶺に通信所を設けて対ソ特種業務（通信情報）の基礎確立。
・第二課別班から綏芬河、満州里、黒河へ出先機関を出し、東北西三方面の通信傍受に従事。
一九三四（昭和九）年
・関東軍参謀部第二課に特種情報機関（関東軍研究部、新京）を設置し、ソ軍の暗号解読（四数字暗号）に従事。
一九三五（昭和一〇）年
・支那特種情報部編成
（関東軍特種情報機関の編成）
部　長　大久保俊次郎大佐
部　員　少佐三名、大尉三名、技師一名
分遣機関　三か所（長：大尉各一名）
編成総人員：約五〇〇名
一九三六（昭和一一）年
・ソ連の平文無線通信（バム鉄道建設情報）を満鉄調査部に依頼。
一九三七（昭和一二）年
・駐蒙軍創設。

一九三八（昭和一三）年
・朝鮮軍に対ソ情報を任務とする機関新設（当初、龍山のち康徳へ移る）。
・第二課別班改編、関東軍特種情報部を新設。
一九四〇（昭和一五）年
・第二航空軍（新京）に特種情報部新設。
・樺太の上敷香に対ソ任務機関を置き、第五方面軍特種情報部（北海道北広島）の出先機関とする。
・新京に東亜通信調査会（人員：三二〇名）を設立し、ソ連国内公衆電話の傍受。
・関東軍情報本部（四月改編）を設置し、大連など九か所に情報支部を置く。
一九四一（昭和一六）年
・関東軍特種情報部（関東軍司令部直属）発足。
一九四四（昭和一九）年
・関東軍通信情報隊（通称「満一八八部隊」）設置。
最盛期には人員約一〇〇〇名。

以上の推移から見ても、一九三四（昭和九）年から一九三六（昭和一一）年頃にかけて関東軍の対ソ通信情報活動は、徐々に強化されている。
参謀本部でも一九三六年八月、対ソ情報の強化策としてロシア課を新設した。それに呼応して関東軍も同年九月、「対ソ情報機関強化計画」を策定している。その要旨は、次のとおりである。

・ソ連領域におけるわが諜報機関を強化し、ソ連側の対抗手段を打破し、確実迅速な諸情報の獲得をはかる。
・最近、成果を収めつつある科学情報の活動を助長し、資料の獲得に努め、かつソ連側の対抗手段に対し、新しい科学的方法をもってソ連を凌駕する。
・ソ連側の国境警備強化に対し、国境の全面にわが触角を配置して諜報の万全を期す。
・諜報要員の能力向上を図る。
・諜報活動の充実のため、従来不足する諸経費を増額する。

因みに、関東軍情報部が要求した同年の予算額は、年間約九〇万円（時価換算：約八億円）であった。

三．朝鮮軍が力を入れた対ソ宣伝ラジオ放送

朝鮮軍とは日韓併合（一九〇七《明治四〇》年）以降、約四〇年近くにわたり朝鮮半島に君臨した日本陸軍駐留軍のことである。一九〇八（明治四一）年一〇月一日、京城市竜山にドイツ

朝鮮要図

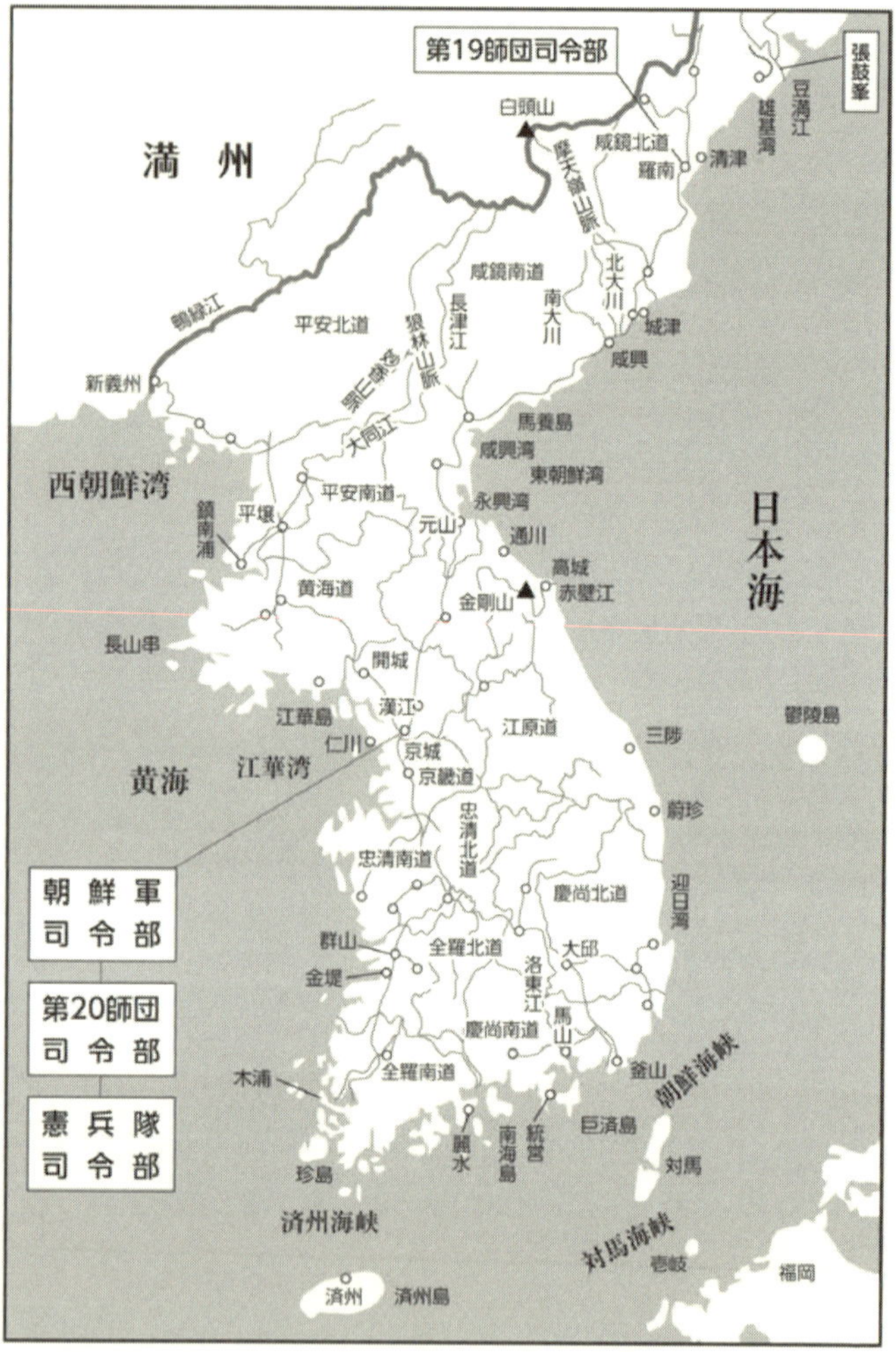

古野直也『朝鮮軍司令部1904-1945』(図書刊行会、1990年)の巻頭地図から作成

・ルネッサンス風の宮殿か、ベルリンの美術館かと見紛うほどの堂々とした石造りの瀟洒な建物が完成し、朝鮮軍司令部がソウル城内の長谷川町からこの新庁舎へ移転した。第一章で述べた極東ソ連からのみすぼらしい亡命者も、その壮観さにさぞかし目を見張ったことであろう（前頁「朝鮮要図」参照）。

一九四五（昭和二〇）年一二月一二日、同司令部を解散するまでに軍司令官二二名、参謀長二五名が、この場所から朝鮮半島（日本国土の約六〇％）を睥睨《へいげい》したのである。朝鮮軍は関東軍、台湾軍、天津軍（支那駐屯軍）と並ぶ日本陸軍四軍の一つで、常設師団を持つのは朝鮮軍のみであった。

日韓併合条約の正文によると、その第一条に「一切の統治権の完全かつ永久の譲与」と明記され一九〇七（明治四〇）年八月二九日、大韓帝国は世界地図から消えた。同日、韓国統監部は朝鮮総督府と改称された。そして、今度は、朝鮮総督府が消えるまでに九人の総督が韓国を統治した。

（一）朝鮮軍の歴史

ここで、朝鮮軍の歴史を、簡単に振り返っておく。

一八九六（明治二九）年五月

・「朝鮮問題に関する小村寿太郎外務次官とロシア公使ウエーベルの覚書」により、

日本軍の在朝鮮兵力を七個中隊（一個中隊：二〇〇名以内）とし、ソウルに二個中隊、釜山と元山に各一個中隊を配置する。なお、ロシア軍も同数の中隊を朝鮮に置くことを取り決めた。

一九〇四（明治三七）年三月
・韓国駐劄軍司令部（ソウル城内）設置。第一三師団と第一五師団が軍司令部の指揮下に入る。八月、第一次日韓協約調印。

一九〇五（明治三八）年八月
・統監部開庁、初代統監は伊藤博文。九月、第二次日韓協約（韓国保護条約）締結。

一九〇七（明治四〇）年八月
・日韓併合。

一九〇八（明治四一）年一〇月
・軍司令部の新庁舎完成。当時、常設師団はなく、内地から一個師団が二年交替。

一九一〇（明治四三）年
・第六師団→第二師団→第八師団→第九師団と交替。

一九一五（大正四）年一月
・朝鮮併合五周年慶祝行事。朝鮮二個師団増設決定（帝国議会）。

一九一六（大正五）年四月
・第一九師団編成（龍山）、羅南、咸興に展開。

一九一八（大正七）年六月
・朝鮮駐劄軍→朝鮮軍と改称。
一九一九（大正八）年九月
・朝鮮統監府官制の改正により、統監の統帥権取消し。朝鮮の防衛は朝鮮軍司令官の責任となる。
一九二一（大正一〇）年四月
・第二〇師団の編成完了。
・半島常駐二個師団体制完成。
　第一九師団→羅南　第二〇師団→京城　永興港要塞司令部→元山
　鎮海湾要塞司令部→慶尚南同　朝鮮憲兵隊司令部→京城
一九三七（昭和一二）年七月
・支那事変勃発、第二〇師団→北支。
一九四二（昭和一七）年後半
・第二〇師団→南太平洋作戦へ投入。朝鮮軍→南方作戦へ増派。
一九四五（昭和二〇）年二月
・朝鮮軍を改組し、第一七方面軍を新設。八月、ソ連軍対日宣戦布告。第一七方面軍、ソ連軍に応戦。八月一九日、停戦命令。九月二一日、朝鮮総督、半島離脱（米軍機）し、帰国。

（二）朝鮮軍と関東軍

朝鮮民族は誇り高い民族である。怨の民、恨の人である。日本の統治に対して反抗、抵抗する事件が多発したことは、当然の成り行きだったと考えられる。一九一九（大正八）年三月一日、キリスト教、天道教、仏教の代表三三名が署名した「独立宣言書」を奇貨として、日本の植民地支配に反対する運動は、数か月にわたって朝鮮全土に広がりを見せた。二〇〇万人以上が「独立万歳」を叫び、示威行動に参加した。いわゆる、「三・一独立運動」であった。この時の朝鮮軍司令官が宇都宮太郎大将（佐賀県出身、五八歳）であった。

宇都宮は一九〇二（明治三五）年一月、日英同盟が調印された当時、英国公使館付陸軍武官であった。日英同盟に基づく「日英軍事協商」交渉の陰の立役者が、宇都宮少佐（四一歳）その人であった。

宇都宮朝鮮軍司令官は、従来の「武断政治」的な統治を「納得せざる婦女と無理に結婚せしが如く」だと批判した。「排日派」と目される朝鮮人との接触にも積極的で、日本批判の言論活動家とも数回会って意見交換をしている。宇都宮は、後の第五代朝鮮総督・斎藤実時代のものとされてきた「文化政治」的施策をすでに打ち出している。

宇都宮は、朝鮮人の「独立」への願いに対抗すべき思想を示し、説得や感化を通じて統治への同意を引き出す努力を示した。陸軍の長州閥に対する非主流派・宇都宮の面目躍如たるものがある。宇都宮の思想の底流には、朝鮮民族に対する郷愁にも似た愛が流れている。そして、宇都宮の言動が朝鮮軍に与えた影響も少なくなかったものと考えられる。

これに対し、関東軍には本項の冒頭でも述べたように、宿敵ロシアを粉砕した自負と鎧袖一触の気概に満ち溢れていた。しかし、そこから独走・下克上に走った風潮も否定しえなかった。さらに又、陸大軍刀（恩賜）組以外は入れなかったという大本営作戦課作戦班の俊英佐官たちが関東軍参謀部を牛耳る人事傾向も否定しえない。従って、ともにソ連軍を睨む朝鮮軍と言えども、関東軍から見れば、何か物足りないものがあり、朝鮮軍と関東軍の間には眼に見えない確執があったようである。

第二章で述べた張鼓峯事件に関し、関東軍司令部（新京）は、ソウルの朝鮮軍司令部に宛てて、次のような電報を打っている（発受信者不明）。

「我々は作戦前線部隊であり、ロシア人と交渉をした経験を持っている。昨年夏、アムール川事件（乾岔子《カンチャーズ》島軍事衝突事件）のときもロシア人と駆け引きする見本を示した。これは、張鼓峯事件を解決するためにとるべき唯一の道である。ロシア人は常に弱点を探そうとして、何かとつけ込もうとする。朝鮮軍は、張鼓峯の防衛に責任を負っているとはいえ、張鼓峯は、我々の行政地域である満州国に属している。それゆえに我々は、この高地における我々の利益と名誉を注意深く見守るであろう。もし、朝鮮軍がふらつくのであれば、関東軍がロシア人を追い出す義務を負うつもりでいる」

一九三七（昭和一二）年八月頃、参謀本部第一八班（対ソ通信情報担当）から関東軍参謀部へ転勤した参謀少佐が張鼓峯事件当時、ソ連国境警備隊の無線通信を面白いほど傍受したが、作戦部隊が関東軍ではなく、朝鮮軍であったために隔靴掻痒の感がしばしばであった、と述懐している。

すでに第二章において触れたが、張鼓峯事件後、朝鮮軍司令部は一九三八（昭和一三）年八月一四日、陸軍省に対して、同事件を支那事変に包含して取扱うように上申した。それを受けて、陸軍大臣は一六日の閣議において軍事上、行政上「事件」と呼ぶことを提案して了承された。これによって政府は、満州事変や支那事変の場合と同様に、軍の叙勲を認め、賞勲局は直ちに手続に着手した。

第一九師団の将兵は勲章の授与に際して、第一級の功績を認められた。その際、関東軍の高級将校たちは、中央当局が張鼓峯事件における敗北を隠蔽するために気前よく表彰したと批判した。朝鮮軍がそれほど高く顕彰されたのは、参謀本部の指示に従順だったからだという声も上がった。さらに又、第一九師団長が「そのタイプの指揮官に向いていなかったにも拘わらず」軍司令官に抜擢されたのは、張鼓峯事件での「成功報酬」だとも言われた。

このように、関東軍は、何かにつけて批判や容喙によって、朝鮮軍を見下していたようである。

（三）朝鮮軍の対ソ通信情報活動

①通信情報（特種情報）

朝鮮軍司令部は一九三五（昭和一〇）年七月二二日、「対蘇無線諜報業務拡充ニ関スル件」と題する上申書を陸軍省に対して提出している。朝鮮軍参謀長から陸軍次官に宛てた「朝参密第二六号」がそれである。朝鮮軍参謀長は上申書の冒頭、本件に関する朝鮮軍の意見具申に特段の配慮を陸軍省に要望している。

朝鮮軍の対蘇通信情報活動に関する当時の状況を理解するために、上申書の要旨を、以下に掲げる。

「対蘇無線諜報業務拡充ニ関スル意見」（朝鮮軍参謀長発）

一．人員増加と予算配分
　判任文官（ロシア語堪能者）および通信雇員　四名
　予算希望配分額　一名あたり月額一〇〇円

二．無線電信員の増加
　現在、臨時配属の無線電信員　一二名
　増加希望人員　一〇名

三．器材および整備費の増加配分
　傍受用無線受信機　四台

短波方向探知機　二台
整備費　九〇〇円
（要求理由）

一．朝鮮軍の任務遂行のため、平時における対蘇無線諜報実施の必要性増大。

二．朝鮮軍の対蘇無線諜報業務は、通信手の能力不足および器材の性能不良のため実施不可能。

三．朝鮮軍の作戦遂行のため、科学諜報機関および同指導機関の設置の緊要性増大。

四．現在、朝鮮軍における無線諜報業務の担当者は、工兵尉官一名のみ。

五．科学諜報の指導機関設置の必要性増大。

六．関東軍の協力の下、朝鮮、満州、ソ連国境付近の無線通信諜報の充実と確立。

七．関東軍は四名、天津軍（支那派遣軍）は三名の割合であるのに比し、朝鮮軍では現在、無線機一四台、一台あたり二名（臨時増加無線要員を含む）。これ以上の傍受勤務は不可能。

（別紙）

一．通信手のソ軍電報の受信能力向上。

二．ソ軍無線通信網（通信系および通信諸元）の捜索。

三．ソ軍無線通信情報の蒐集（通信網、通信機材、通信法、通信技能、通信容量、部隊配置、暗号電報発受信所等）。

四．秘密通信の捜索および傍受。
五．ソ連放送、無線電信の傍受。

この朝鮮軍参謀長の陸軍次官あての上申書に対し、陸軍省軍事課は「参謀本部との研究の結果、差し当たり詮議し難き意見。従って、朝鮮軍には何等回答せず」と結論づけ、防衛課の同意を得ている。

東京の陸軍中央部は、最前線軍司令部からの対ソ通信情報活動に対する切実な懇請を撥ねつけている。つまり、現地の懸命な切望に対し、無回答、無視することで一蹴している。

明治陸軍の至宝・川上操六陸軍大将の手にかかる、世界有数のわが参謀本部がその後、なぜ、「情報軽視」の方向に舵を切ったのか。その理由を知りたい。

「爵禄百金を愛みて、敵の情を知らざる者は、不人の至なり、人の将に非ざるなり、主の佐に非ざるなり、勝の主に非ざるなり」（『孫子十三篇』、用間第十三）

朝鮮軍司令部に対ソ通信情報部（特種情報部）が組織されたという史料は見つかっていない。

②対ソ宣伝ラジオ放送

対ソ通信情報活動の積極的な拡大・強化対策（要望）を参謀本部に無視された朝鮮軍司令部

は、対ソ宣伝ラジオ放送に力点を置き換えたようである。朝鮮軍参謀部は一九三七（昭和一二）年一二月一三日、朝鮮総督府通信局と提携して、京城と清津から対ソ宣伝を目的とするロシア語放送を開始した。

朝鮮軍報道部は、このラジオ放送を日曜祝祭日を除いて毎日、放送した。しかし、一九三八年一月六日以降、ソ連側が電波妨害をおこなうようになったため、ウラジオおよびハバロフスク両総領事館に調査を依頼した。その調査内容は受信感度、妨害電波発信時刻とその対策、対ソ宣伝放送の効果などであった。

ウラジオ総領事館からの調査結果によれば、特に対ソ宣伝放送の効果について、一般民衆には、ソ連側が受信制限（受信機の没収、監視など）により、規制を厳しくしているため、その効果は薄いが、軍隊および官庁などに対する効果は大きく、ラジオ放送の継続が求められている。放送項目はソ連の対外関係の悪化、国内情勢の不安など、ソ連に不利な点を強調すると共に、日本軍の活躍やソ連の対日反宣伝の無効など、日本の国威を誇示するものであった。

第二章で触れた張鼓峯事件の際、日本軍に投降したソ連兵を利用したラジオ放送をおこなっていることは、きわめて興味深いものがある。

朝鮮軍参謀長は一九三八（昭和一三）年九月七日、陸軍次官（東条英機中将）にあて、「投降ソ連兵の実施せるラジオ放送の件」（朝参密第七八九号）を報告している。

このラジオ放送は同年八月二八日および同月二九日、清津（咸鏡北道、羅南の北）放送局から将校シャーモフと兵士ロトキンそれぞれ自筆の無修正文を放送したものである。八月二九日一

○：四五、清津放送局から流されたシャーモフ陸軍中尉自筆の内容（和訳文）を、以下に掲載する。同中尉は、張鼓峯事件の戦闘捕虜であった（粟屋憲太郎・竹内桂『対ソ情報戦資料』第一〜第三巻、現代史料出版、一九九九年、四三九頁）。

「赤軍兵士および指揮官諸君。

我々は、諸君とわが祖国に対し、暴虐きわまりない仇敵スターリンとスターリンの命令に服従し日々、わが同胞数十名を抹殺している内務人民委員部（ＮＫＶＤ）から解放されたことを限りなく喜んでいる。さらに嬉しいことは、我々が日本に来たということである。我々は今、日本において真に自由な国民の生活および法律に接し、真のデモクラシーを実感している。

我々は、創造的な日本の市民生活、豊富な物資とあり余る食料に驚いている。そして、我々の生活が将来も保障されることを信じている。

赤軍兵士および指揮官諸君。

諸君は目下、戦闘の止んだ戦場において、なぜ苦しんでいるのか。内務人民委員部出身のスターリン一派が何と言おうとも、日本は諸君や君たちの祖国に対して、何等の敵意も持っていない。

今回の紛争は、日本が起こしたものではなく、極東方面軍、内務人民委員部および煙秋国境警備地区隊長などが、諸君を日本軍の攻撃にさらし、大戦争を引き起こさんとしたものである。

諸君は、諸君の軍隊が五〇〇〇名もの戦死・戦傷者を出したことを知っているのか。諸君の敵は間近にいる。それは、スターリンを首領とする共産党員たちである。敵は日本ではない。日本国民はロシア国民を共産主義の前世紀的奴隷制から解放せんとして、ロシアの人々に関心と同情を寄せている。

日本国民は又、ロシア国民を恐るべき貧困と苦しみから救出するべく、共産主義と闘い、ロシアの人々に精神的援助を差し伸べている。日本国民は、伝染病的共産主義を徹底的に壊滅せんとしている。日本国民は、ロシア国民との友好的関係を熱望している」


続いて、張鼓峯事件の戦闘においてわが軍に投降した捕虜・兵士ロトキンが実施した放送は、次のような内容であった（粟屋・竹内、前掲書、四四三頁）。


「尊敬するソビエト連邦国民諸君。

私はソビエト連邦から日本に逃亡した。まず、諸君に対して日本国民の生活状況について語りたい。日本国民の生活はすばらしい。日本人は、ソビエト連邦で言われているような悪人ではない。日本人はロシア人を愛し、温かく迎え入れてくれる。私の言葉に偽りは全くない。

ソ連軍は、国民すべてが知っているように飢えに苦しんでいる。これは、クレムリンの中に我らの敵「スターリンおよびその一派」が居座っているからである。ソ連邦憲法によれば、確かに自由はある。しかし、現実はそうではない。農奴的農民たちは、呪われた「コルホーズ」で休息もなく、一日一六時間労働を強いられている。

私は現在、その苦しい生活から解放されたことを非常に嬉しく思っている。私は日々、日本の華やかな生活に接し、日本の農民および労働者たちが楽しい生活を送っているのを目のあたりにしている」

このような対ソ宣伝ラジオ放送も又、通信情報活動の一つの有効な手段であろう。通信情報活動のもつ多様性について、先に指摘した所以である。

【さらに詳しく知るための参考文献】

萩野健雄「特情に関する戦訓」（防衛研究所戦史研究センター）。

深井英一「編成期の関東軍特種情報部について」（防衛研究所戦史研究センター）。

『科学諜報ニ関スル綴』（防衛研究所戦史研究センター）

横山幸雄『特種情報回想記』（防衛研究所戦史研究センター）。

小原豊「第二航空軍特種情報部　特情裏面史」（『偕行』、一九八九年）。

防衛研修所戦史室『戦史叢書　関東軍（一）対ソ戦備・ノモンハン事件』（朝雲新聞社、一九六九年）。

防衛研修所戦史室『戦史叢書　陸軍航空作戦基盤の建設運用』（朝雲新聞社、一九七九年）。

防衛研修所戦史室『戦史叢書　陸海軍年表』(朝雲新聞社、一九八〇年)。

檜山良昭『スターリン暗殺計画』(双葉社、一九七九年)。

西原征夫『全記録ハルビン特務機関：関東軍の軌跡』(毎日新聞社、一九八〇年)。

百瀬孝『事典昭和戦前期の日本』(吉川弘文館、一九九〇年)。

古野直也『朝鮮軍司令部一九〇四－一九四五』(図書刊行会、一九九〇年)。

有賀傳『日本陸海軍の情報機構とその活動』(近代文藝社、一九九四年)。

中山隆志「張鼓峯事件再考」(『防衛大学校紀要』第七〇輯、一九九五年)。

堀栄三『大本営参謀の情報戦記』(文藝春秋、一九九六年)。

中村粲『張鼓峯事件』(国民会館、一九九六年)。

田中賀朗『大韓航空機007便事件の真相』(三一書房、一九九七年)。

B・スラビンスキー著、加藤幸廣訳『日ソ戦争への道』(共同通信社、一九九九年)。

A・クックス著、岩崎博一・岩崎俊夫訳『張鼓峯事件』(原書房、一九九八年)。

粟屋憲太郎・竹内桂『対ソ情報戦資料』第一～第三巻(現代史料出版、一九九九年)。

中山隆志『関東軍』(講談社、二〇〇〇年)。

小谷賢『日本軍のインテリジェンス』(講談社、二〇〇七年)。

富田武『戦間期の日ソ関係一九一七－一九三七』(岩波書店、二〇一〇年)。

佐藤守男『情報戦争と参謀本部―日露戦争と辛亥革命―』(芙蓉書房出版、二〇一一年)。

佐藤守男『情報戦争の教訓』(芙蓉書房出版、二〇一二年)。

中西輝政／小谷賢『インテリジェンスの二〇世紀』(千倉書房、二〇一二年)。

宮杉浩泰「張鼓峰事件における日本陸軍の情報活動」(二〇世紀メディア研究所『Intelligence』第一

三号、二〇一三年）。

宮杉浩泰「昭和戦前期日本陸軍の対ソ情報活動」（『軍事史学』四九―一、二〇一三年）。

「米ソの無線傍受月報」『北海道新聞』二〇一五年八月一四日付。

G・ミルトン著、築地誠子訳『レーニン対イギリス秘密情報部』（原書房、二〇一六年）。

第4章

戦後陸海空三つの悲劇

「九仞の功を一簣に欠く」—日本陸海軍の末路は余りにもはかなく憐れであった。古今東西、負け戦ほど惨めなものはない。逃げ惑う非戦闘員の頭上めがけて、雨あられのように焼夷弾をばらまき、とどめの一発とばかりに原爆を使用した戦勝国アメリカに国際正義を問う資格などあろうはずもない。それに輪をかけたのが、スターリン・ソ連である。そのあくどさと狡賢さは、まさに火事場泥棒の代名詞がぴったりと当てはまる。

本章の主題に「戦後」を付したのは、わが国が一九四五（昭和二〇）年八月一〇日、交戦国に対し、「ポツダム宣言」の受諾を通告（無条件降伏）した以降の出来事を取扱うからである。まず、わが国の降伏とほぼ同時に満州（中国東北部）の広野において発生した陸の悲劇を採り上げる。それは、満州西部興安嶺のふもと、興安総省の中心地・興安の東南約四〇キロの葛根廟付近において白城子を目指して徒歩避難してきた婦女子・老人約二〇〇〇名を超える日本人居留民一行に対し、ソ連の機甲部隊が戦車で蹂躙（轢殺）し、無差別の機銃掃射を浴びせかけた野蛮行為の真相である。

続いて採り上げるのは、海の悲劇である。それは、約七〇年余り前の終戦直後、ソ連太平洋艦隊の潜水艦二隻が、北海道留萌沖において樺太（サハリン）からのわが引揚船三隻に魚雷攻撃を加えて撃沈するという、北海道の歴史に残る最も凄惨な事件であった。

最後に採り上げる三つ目の悲劇は、ソ連防空軍迎撃戦闘機が大型民間航空機（大韓航空）を戦闘用ミサイルで撃ち落とすという前代未聞の空中における残虐行為である。乗員・乗客二六九名（うち同胞二八名）の命を一瞬にして虐殺した事件である。

これら陸海空における三つの悲劇に共通している三つの明白な特徴を指摘しておかなければならない。

・対象が民間人（非戦闘員）であること。
・相手が無防備・無抵抗であること。
・警告なしの無差別攻撃であること。

これらの人道上、断じて許し難い事実を絶対に忘却・風化させてはならないと思う。帝政ロシアがソビエト社会主義共和国連邦に、そしてロシア連邦に国名を変えてみても、この国の本質・体質がまともな方向に向かうとは、とても考えられない。このことに今も、そして今後も目を逸らしてはならないと思う。

一．満州開拓民を襲った悲劇、葛根廟事件―一九四五年八月

今から約八五年前、わが国の強力な関与によって、中国東北部に満州国が出現した。それは、一九三二（昭和七）年三月から第二次世界大戦終結までの、わずかに一三年五か月の短命国家に終わった。

満州国には当時、約一五五万人の日本人が国策によって移り住んでいた。その大多数は、行

政機関の関係者や日本人相手に商業を営み、鉄道沿線の都市部で近代的な生活を送っていた。他方、日本人には馴染みのうすい北部の奥地に根を下ろしたのが「開拓民」と呼ばれた人たちで、約二七万人を数えた（『北海道新聞』二〇〇五年九月一七日付、夕刊）。

それらの開拓移民は、日本と満州国の結びつきを深めるために送り込まれた農業戦士であった。当時、日本国内には農地が絶対的に不足しており、貧困農村を救済するには、農村人口を海外へ移住させる必要があった。そこで、満州への大量移民が国策とされ、行政やマスコミの熱心な宣伝・勧誘がおこなわれた。そして、精鋭関東軍が常に開拓民の精神的支柱であった。

日本政府が推進した開拓民政策は、次のような三本の柱から成っていた。

・武装移民

日本に反抗する勢力が出没する地域の治安維持を兼ね、主として在郷軍人から募集された。一九三二年から三五年までに四つの開拓団（計一七八五人）が満州へ送られたが、その四分の一が退団や戦病死した。

・一般開拓民

日本政府は一九三六（昭和一一）年、「二〇年間で一〇〇万戸、五〇〇万人」という大量農家移民計画を策定した。それに基づき、数十から数百戸単位の集団入植が貧農地帯から実施された。

・青年義勇隊

一九三八（昭和一三）年に開始。一六歳～一九歳の男子（主として農家の次男・三男）が茨城県内の訓練所を経て満州へ渡り、その後、現地訓練所で義勇隊を編成して三年間の訓練を受けた。その後、開拓戦士として多くが満ソ国境付近に入植した。また、「大陸の花嫁」と呼ばれた多くの適齢女子が日本をあとにして満州へ渡った。

因みに、開拓民を送り出した上位五県は、次のとおりであった（一九四五年当時の概数）。

・長野県	開拓団	三一二六四名	義勇隊員	六五九五名
・山形県	同	一三二五二名	同	三九二五名
・熊本県	同	九九七九名	同	二七〇一名
・福島県	同	九五七六名	同	三〇九七名
・新潟県	同	九三六一名	同	三二九〇名

・全国合計　開拓団員二二〇二五五名　義勇隊員一〇一六二七名　総計三二一八八二名

これらの開拓団員や満州開拓青年義勇隊員たちは、広大な満州各地の原野に散らばっていった。しかし、スターリン・ソ連の赤い魔の手が知らぬ間に、そこにひたひたと忍び寄っていたのである。

（一）ソ連軍の満州侵攻と関東軍

三年前の二〇一四年にロシアのソチで第二二回冬季オリンピックが開催された。そのソチからさほど遠くないクリミヤ半島の東岸にあるヤルタにおいて一九四五年二月、米英ソ三国首脳会談が開催された。ヤルタ会談のことである。

この会談の主要議題は、第二次世界大戦後の世界秩序、つまりドイツの分割統治、ポーランドやバルト三国（エストニア、ラトビア、リトアニア）など東欧諸国の戦後処理、国際連合の創設などであった。表向きのヤルタ協定のほかに「ソ連はドイツ降伏から三か月後に連合国側にくみし、日本に参戦する」という、わが国にとってはきわめて重大な「ヤルタ密約」が米ソ間で取り決められた。

対日参戦の見返りとして、日本領南樺太の返還と千島列島の引渡しなど、広範囲な極東の権益をソ連に与えることが確約された。スターリン・ソ連はアメリカから「錦の御旗」を手に入れた訳である。思慮に欠け、見通しの甘いアメリカは、対日参戦の約束手形をスターリンに手渡してしまったのである。

この「ヤルタ密約」情報を会談直後に密かに入手して、北欧の中立国・スエーデンから機密電報でわが国参謀本部へ打電した人物がいた。その人は、スエーデン公使館付陸軍武官・小野寺信少将（岩手県、四八歳）であった。ソ連の対日参戦を半年も前に把握していた、この機密電報のもつ意味は計り知れなく大きい。

なぜ、日本政府も含めて、わが国参謀本部は、悲惨な敗戦を決定づけるソ連の参戦を回避することが出来なかったのか。終戦時期決定の甘い判断が熾烈な沖縄戦、凄惨な広島・長崎への原爆投下、悪夢のようなシベリア抑留、中国残留孤児（約二五〇〇名）および残留婦人（約三八〇〇名）の過酷な運命、北方領土問題などを招いてしまった。

祖国の繁栄を願い、関東軍を信じて大陸へ渡った同胞約一五〇万余の救出を、わが政府および軍部要路の高官たちは、どのように考えていたのだろうか。こともあろうに、対米英戦争の和平仲介の最終回答を受け取るために、ソ連外務省を訪ねた駐ソ日本大使はその場で、日本への宣戦布告を突きつけられた。日ソ中立条約など、スターリン・ソ連にとっては紙くず同然であった。「ヤルタ密約」の緊急電を手にしながら、なぜ、狡猾なソ連の出方を読めなかったのか。ソ連・ロシアという国は昔も今も、まったく変わってはいない。そのような体質の国であることを、まず念頭において何事にも対処しなければならない。

一九四五年八月九日午前零時すぎ、スターリンは、極東ソ軍総司令官ワシレフスキー元帥に対し、「攻撃開始」を下命した。ソ連にかかわる、すべての悲劇がこの瞬間から始まった。

大本営陸軍部（参謀本部）は、極東ソ軍の満州侵攻に対し、関東軍司令部に「来攻する敵を随所に撃破して朝鮮を防衛せよ」という命令を下達した。この参謀本部の作戦命令は、次の事を意味している。

・満州を放棄して朝鮮を守ること。
・撤退行動（退却）を容認する。

・満州在留邦人の保護に関与しない。

「関東軍は総力をもって在留邦人の安全を確保せよ」―なぜ、参謀本部はこの最も重要な指示を出すことが出来なかったのか。軍のもつ崇高・最大の任務は、自国民の生命を守ることであって、軍のために国民があるのではない。鬼畜にも劣るソ連軍が非戦闘員を避けて侵攻してくるとでも思っていたとしたら、大本営参謀たちの阿呆さ加減はまさに愚の骨頂以外の何ものでもない。

関東軍司令部の採るべき作戦方針はただ一つ、「第一線を堅持して在留邦人を安全地帯へ後送すること」―関東軍は絶体絶命の危機に際して、この使命を全うすべきであった。これしかなかった、唯一の作戦行動であったはずである。

しかし、それどころではない関東軍は、開拓青年義勇隊を含めた在満州の兵役適齢男子約四〇万人のうち警護、輸送などの要員を除いた約二五万人に動員を発令する。この根こそぎ動員によって、一家の支えを失った女性、子供、老人たちの非武装、無抵抗の集団に、ソ連軍が牙をむいて襲いかかってきたのである。命がけの逃避行が始まり、凄惨きわまりない悲劇が満州各地の開拓民入植地において発生したのである。

（二）満州開拓民の悲惨

開拓という植民地政策の浮沈は、強力で信頼のおける軍事力にかかっている。精強関東軍の存在があってこその満州進出であったことは言うまでもない。参謀本部は大戦末期、関東軍を総後衛、総兵站基地として、関東軍から次々に南太平洋作戦の補強のために兵力を割愛した。もはや関東軍は、かっての光輝ある精鋭兵団の面影を失っていた。

参謀本部は日ソ中立条約に縋りつき、ソ連仲介による和平という愚かな、誠に稚拙な幻想を叩き潰され、満州放棄を早々に決め、関東軍を用済みにしたのである。満州の奥地深くに入植したわが開拓民たちは後ろ盾を失い、糸の切れた凧のように満州の広野をさまよい始める。

結局、参謀本部は関東軍を、関東軍は一般開拓民を見棄てた。開拓民はただ、残虐ソ連軍の飽くなき略奪と凌辱の前に為すすべもなく蹂躙された。悲劇などという言葉を超えた凄惨な地獄絵が繰り広げられた。

次項で触れる葛根廟事件のほか、惨劇は満州各地において展開されたが、その一部を、以下に掲げる（半藤一利『ソ連が満州に侵攻した夏』文藝春秋、一九九九年、二八四頁）。

・三江省

日高見開拓団　　：八月一八日、全員四一名服毒自殺。
第二次千振開拓団：婦人、子供四二名青酸カリ服毒自殺。
中川村開拓団　　：団員五九三名中三〇〇名殺害。
南都留郷開拓団　：団員一六八名行方不明。

・吉林省

来民開拓団　　　　　：全員二一三名殺害、自殺。
城子河開拓団　　　　：自殺五三名、病死二〇名。
八道河子開拓団　　　：八月二〇日、自殺二六名（男子一名のみ）。
・東安省
哈達河開拓団　　　　：団員約一三〇〇名中四二一名殺害、自殺。
東索倫埴科開拓団：二六〇名中二一二名殺害。
清渓義勇隊開拓団：ほとんど全滅。
・濱江省
歓喜佐久開拓団　　　：一八名殺害、三八名自殺。
大泉子開拓団　　　　：八月一八日、二五三名殺害、自殺。
・北安省
鉄嶺地区開拓団　　　：九月一〇日、二〇〇名以上殺害、自殺。
・錦州省
与論開拓団　　　　　：八月一九日、約六〇名自殺。
・興安南省
仏玄開拓団　　　　　：約六〇〇名中約五七〇名殺害、自殺。

上記の自殺者の大部分は婦女子であり、幼児を道ずれにした場合が多いという。開拓民約七万八〇〇〇名の死亡が確認されている。政府、参謀本部、関東軍の要路高官たちには、万死に値する責任がある。国策に殉じ、満州の草原に散った開拓民の魂に一体、どのような言葉を投げかけることが出来るのか。万感ただ胸に迫る。

（三）葛根廟の悲劇

①惨劇の場所と日時

二〇世紀最大の残虐、残酷、残忍な殺人行為の一つに数えられる、この葛根廟《かっこんびょう》の惨劇を知る日本人は今、関係者以外に皆無ではなかろうか。この無残な殺戮が、膝を折り曲げて和平工作を哀願する日本に対し、日ソ中立条約を紙くずのように破り捨てたスターリン・ソ連の悪魔の如き行為であったことを知る日本人が今、何人いるだろうか、悲しいかな恐らく絶無に近いと思う。それは、「血に飢えた」ソ連軍がわが同胞、それも無抵抗の婦女子・老人ばかりの集団めがけて戦闘用兵器で襲いかかり、一瞬にして二〇〇〇人近くを虐殺した人道上、断じて許し難い事件であった。なお、本項の記述に際しては、大櫛戊辰『殺戮の草原―満州・葛根廟事件の証言』（東葛商工新聞社、一九七六年）に多くを依拠した。

満州国では当時、満州西北部が興安東西南北の四省に分けられていた。東省の中心地はジャラン市、西省は開魯、南省は王子廟、北省はハイラルにそれぞれの省都が置かれていた（87頁「満州国地図」参照）。各省都には行政、軍事、警察機関が集中的に設置され、対蒙古政策の根拠地であった。

地形的には、東南北三省の中央を南北に興安嶺が縦走し、嶺を境に西北部は、ノモンハンの草原がハルハ河に接して外蒙古の大草原につながり、東南部は、東南両省の草原が広がっていた。西南部の大草原は南省の一部と西省を経て、内蒙古に通じる大草原地帯で、ホロンパイル高原と呼ばれていた。関東軍の要請により一九四二（昭和一七）年、四省が統一されて興安総省となり、南省の中心地・王子廟が興安と改称され、総省公署が置かれた。当時、在留邦人は推定約四〇〇〇〇人弱であった。

一方、終戦直前、興安総省における関東軍の配置状況は概略、以下のとおりであった（次頁「葛根廟周辺要図」参照）。

・外蒙古正面（ハロンアルシャン・五叉溝）　第一〇七師団。
・興安　憲兵隊本部（ハロンアルシャンと白城子に独立分隊）。
・洮南・白城子方面　第一一七師団。
・通遼方面　第六三師団。
・四平街　第三九師団。

なお、興安の憲兵隊本部は、いち早く後方の白城子に後退している。治安維持に当たるべき憲兵隊の撤収は、敵前逃亡と言っても差支えない行動であろう。ここでも、在留邦人が見棄てられている。

葛根廟周辺要図

大櫛戊辰『殺戮の草原―満州・葛根廟事件の証言』(東葛商工新聞社、1976年)195頁の地図から作成

この興安総省興安街西南三五キロ付近において一九四五（昭和二〇）年八月一四日午前一一時すぎに惨劇が起こったのである。

②避難開拓団の編成

興安街一般在留邦人と、さらに索倫・五叉溝方面の奥地の鉄道沿線から引揚げてきた婦女子・老人を加えた約二〇〇〇名以上の集団が、行政当局の責任者によって七個中隊に組分けされた。避難集団長は、葛根廟を経て白城子方面に退避するか、重大な危険が迫れば、葛根廟に緊急避難する計画を立てた。そして、避難集団の逃避行が八月一二日の夕刻、住み慣れた興安街をあとにして始まった。

葛根廟は満州国内におけるラマ教三大廟の一つで、蒙古民族崇敬の地であった。広大な敷地を有して数多くの寺院が建立されていた。しかし中国では文革後、蒙古民族のラマ教は否定され、往年の葛根廟は今、その面影もなく廃墟になっているそうである。

興安から避難地点までは、直線距離にして約三五キロであった。青年男子であれば、約一日の移動行程であったが、すでに触れたように先月下旬、青壮年の大多数は、根こそぎ動員されて満州各地に分散・配置されていた。残された婦女子・老人が大部分の集団に加えて幼児づれが多く、足並みは遅々として揃わなかった。

集団のリーダーは八月一三日夕刻、情勢の悪化・緊迫化にともない、夜間行軍で葛根廟を目指したが、集団の縦列は延々、六キロにも伸びきっていた。そして、八月の大陸独特の炎天下、避難集団の全員が終日の行軍で疲労の限界に達していた。

③ソ連軍による惨劇

極東ソ軍総司令官に対するスターリンの鶴の一声「前進せよ」によって、極東ソ軍は八月九日未明、複数方面から一斉に満州へなだれ込んだ。興安北省ハロンアルシャン～五叉溝方面には自動車化狙撃二個師団の大部隊が、多数の戦車に援護されて侵攻してきた。わが第一〇七師団の防御線は簡単に破られ、一両日の戦闘で主兵力の三分の一を失う有様であった。そこには無敵兵団の面影はどこにもなく、力ない老兵師団の崩れ落ちる憐れな姿しかなかった。

極東ソ軍の侵攻は無人の野を行くがごとく、縦横無尽の進撃を続け、満州中心部の新京方面へ南下接近した。興安の街も敵戦車に蹂躙され、随所で火災が発生していた。

避難集団の先頭が漸く、葛根廟を目前にした小高い丘にたどり着いたとき、八月一四日午前一一時頃、友軍の戦車と誤認して歓声をあげて喜んだのも束の間、集団めがけてソ連軍の戦車一〇数両が乱入してきた。

身に寸鉄も帯びない、無抵抗の婦女子・老人の集団に、ソ連軍の戦車は、情け容赦のない機銃掃射を浴びせながら、戦車のキャタピラーで婦女子や老人を轢き殺すという残忍この上ない暴挙を続けたのである。延々と続いていた避難開拓民の隊列は、随所で分断され、一瞬にして阿鼻叫喚の修羅場と化した。

黙々として足を引きずりながら、歩き続けてきた婦女子・老人集団の余りにも無残な姿がそこかしこに残された。国策に殉じた犠牲者の数は、この葛根廟付近だけで二〇〇〇名近くに上る。とても、人間の仕業とは思えない。

人道上、断じて許し難いスターリン・ソ連の、この残虐非道、鬼畜にも劣る蛮行を絶対に風化させてはならない。これは、どうしても語り継がなければならない、日本民族の悲惨な「負の遺産」である。

満州の広野を、わが同胞の鮮血で染めた惨劇は、この一瞬で終わった訳ではない。この惨劇の傷あとは、今に至るも連綿として胸にうずく影を落としているのである。

二．北海道占領企図が明らかな三船殉難事件―一九四五年八月

一九四五（昭和二〇）年八月九日午前零時すぎ、スターリンは極東ソ軍司令部に対し、「対日侵攻作戦の開始」を下命した。すでに述べてきたとおりである。それを受けて、同司令部は同月一〇日二二：〇〇、隷下全軍に向け、太平洋艦隊と協同して南樺太侵攻作戦の発動を命じた。

本項で採り上げる「三船殉難事件」は、極東ソ軍および太平洋艦隊による樺太侵攻作戦を起点として発生した。この作戦計画の骨子は、次のとおりである。

「隷下部隊を南樺太の真岡（現ホルムスク）と大泊（現コルサコフ）へ集結させ、ここを拠点として北海道北部と千島列島のすべてを占領する上陸部隊を編成する」

樺太では八月一一日午前九時、極東ソ軍第五六軍団隷下の第七六自動車化狙撃師団が日本との国境地帯で戦闘の火蓋を切った。第五六軍団の主力部隊が同月一六日、古屯（現ポベジノ）の日本軍防御地帯を突破した。日本軍は同月一八日夕刻、降伏に同意して約三〇〇〇人余りがソ連軍に投降した。

大本営陸軍部（参謀本部）は一八日、樺太守備の全軍に停戦命令を下命したが、北部軍司令部（札幌）は、住民保護のための自衛戦継続を隷下第八八師団に命じた。八月二〇日〇六：〇〇、太平洋艦隊所属海軍歩兵部隊が艦砲射撃の援護の下、真岡に上陸し、戦闘は各地で継続していた。真岡郵便局の交換手九人の乙女が服毒自殺したのは、この時であった。

樺太庁（豊原、現ユージノ・サハリンスク）は同年六月、軍当局との間で要旨、次のような緊急避難計画を立案した。

・計画責任者は樺太庁長官とし、必要な輸送機関を掌握する。
・軍、官、民の船舶関係者は、可能な限りの船舶を確保する。
・乗車、乗船は、軍・官・民同時かつ同権とする。
・この計画は、人心の動揺を避けるため極秘とする。

この計画は当初、米軍の樺太上陸に備えるものであったが、ソ連の対日参戦で様相は一変した。樺太庁は八月一〇日、避難開始日を同月一三日に決定し、全島の支所および治安機関に通報して協力を求めた。

ここで、日本の無条件降伏に対する米英ソなど連合国側の動きに触れておく必要がある。アメリカは、日本の降伏に関する詳細な命令第一号を作成し八月一五日、モスクワへも通報した。スターリンは、同文書の内容に基本的には同意を示したが、次の修正を加えるようアメリカ側に要求した。

・クリミアの三大国の決定に基づき、日本軍がソ連軍に降伏する地域にソ連の領土となるべき千島全島を含めること。
・日本軍がソ連軍に降伏する地域に、サハリン（樺太）と北海道との間にある宗谷海峡に北で接する北海道の北半分を含めること。北海道の北半分と南半分の間に、島の東岸の釧路市から島の西岸の留萌市まで線を引く。両市は島の北部に含める。

この火事場泥棒・スターリンはさらに続けて、次のようにアメリカのトルーマンに書き送っている。

「周知のとおり、日本は一九一九年から一九二一年にかけ、ソ連極東部全体を日本軍の占領下においた。もし、ロシア軍が日本本土に占領地域を持たないとすれば、ロシアの世論は本気になって怒るであろう」

しかし、ワシントン（トルーマン）は、モスクワ（スターリン）のこの要求を蹴った。しかし、アメリカは、千島列島についてソ連に同意を与えている。これによって国後、択捉両島の日本返還は永久に消え、色丹・歯舞諸島さえも、その返還は、きわめて覚束なくなってしまった。

この狡猾スターリンの悪辣な領土要求の中に、「留萌市」の名前が初めて出てくる。これが、「三船殉難事件」の決定的な引き金になったのである。つまり、スターリンの北海道北部侵略計画は、留萌市の海岸を上陸地域に予定されていた。極東ソ軍および太平洋艦隊は八月二四日未明、地上軍二個師団（約二万人）を基幹とする兵力で留萌上陸作戦の決行を意図していた。太平洋艦隊所属潜水艦「L―12」号と「L―19」号は、上陸作戦の支援命令（留萌港の偵察と艦船攻撃）を受け、留萌沖水域を潜航・遊弋していた。そのきわめて危険な海域へ戦争終結の安堵感もあって、樺太からの引揚船三隻が相次いで接近したのである（131頁「三船の航跡と遭難海域」参照）。

引揚船「小笠原丸」、「第二新興丸」、「泰東丸」の三隻が、故国の土を目前にしてソ連潜水艦の魚雷攻撃・砲撃を受け、同胞多数が海原に散った。ここに、殉難者の概数を掲げ、改めて衷心より哀悼の意を捧げたい。なお、本項の記述は主として、北海道新聞社『慟哭の海―樺太引き揚げ三船遭難の記録』（北海道新聞社、一九八八年）に基づく。

・「小笠原丸」　（乗船者　七〇二人）：　死者六四一人
・「第二新興丸」（乗船者三六〇〇人）：　死者四〇〇人
・「泰東丸」　（乗船者　七八〇人）：　死者六六七人
三船の死者・行方不明者　合計　一七〇八人

（一）小笠原丸（一三九七トン）

小笠原丸は一九〇五（明治三八）年、日本が独自の技術で開発した国産初の海底電纜船だった。東京〜小笠原諸島間の海底線敷設に従事していたことから「小笠原丸」と命名された。同船は一九一一（明治四四）年当時、ウラジオ航路の定期船として就航中、九州長崎港外で座礁したロシア船「リャザン」号の乗員・乗客全員を救助した。同船には、英国ジョージ皇帝の戴冠式列席のためタイの皇太子一行が乗船していたことから国際的な話題として大きく採り上げられた。

小笠原丸は、それから丁度四〇年後、連合国側に対する日本の無条件降伏直後、ソ連の潜水艦によって日本海に沈められるという悲運に見舞われる。自国客船の海難事故に際し、真っ先に手を差し伸べてくれた海の友情を踏みにじり、あろうことか、魚雷攻撃で返礼するという非人道的な残虐行動にソ連海軍の将兵どもは、いささかの改悛の情も持ち合わせていないのか。ソ連・ロシアという「極東の隣人」は、このように卑劣きわまりない、悲しむべき人種なのである。このことを決して忘れてはならない。

三船の航跡と遭難海域

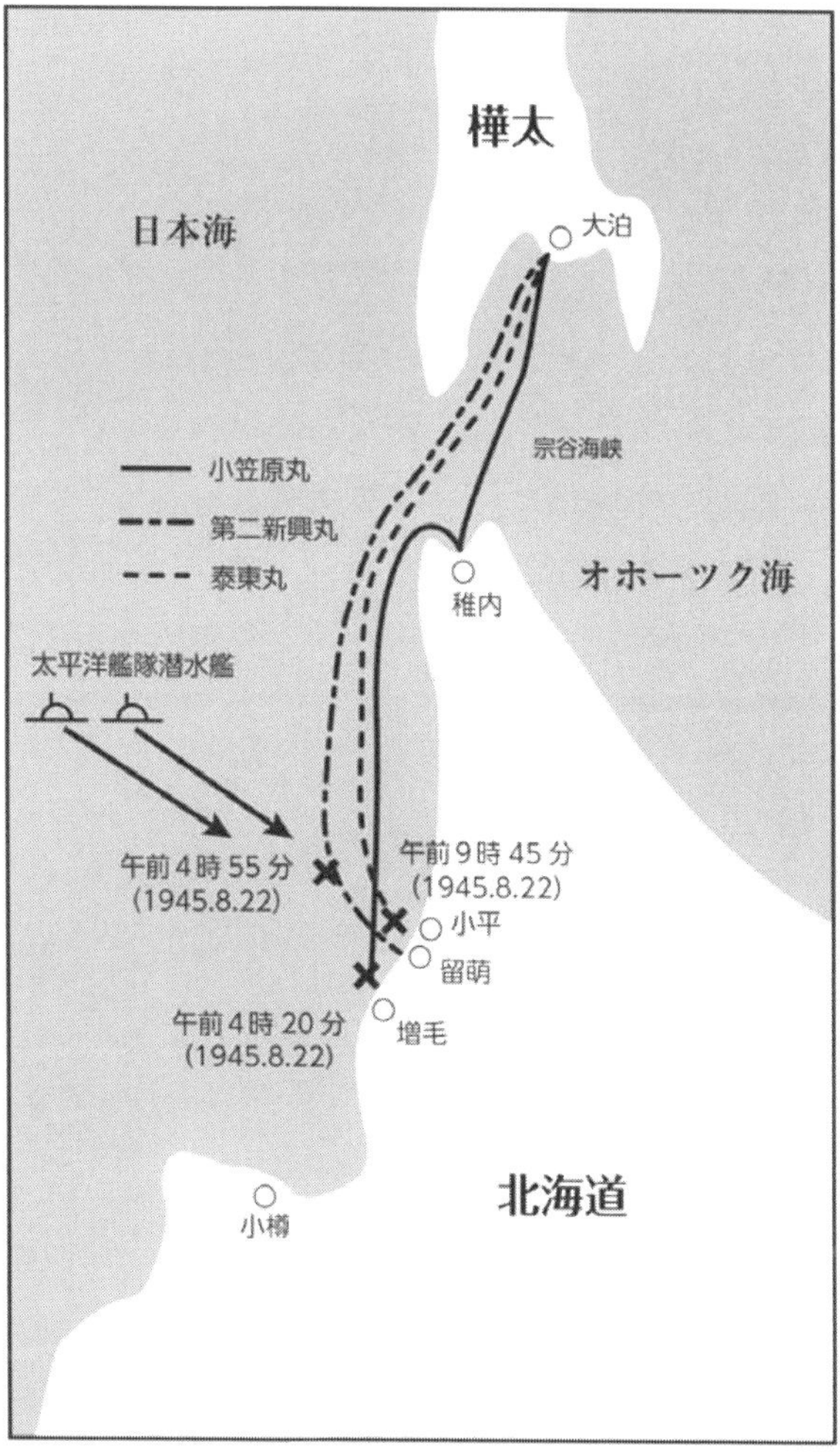

北海道新聞社『慟哭の海―樺太引き揚げ三船遭難の記録』（北海道新聞社、1988年）17頁の地図から作成

小笠原丸は一九四五年八月二〇日二三：〇〇、樺太引揚者一五一四名を乗せ、稚内港に向けて大泊を出港した。同船が稚内桟橋に着岸したとき、桟橋には、次の目的地へ向かう列車を待つ引揚者でごった返していた。この日までに約七万人の引揚者が稚内に帰還した。同船から下船する人の波の中に母親に抱かれた二歳の幼児の姿があった。その幼児は、後の大横綱・大鵬幸喜であった。この時、稚内港で下船したのは八八七人で、残余の六二七人はそのまま、乗船して小樽へ向かった。それは、まさに生死を分ける運命の瞬間であった。

小笠原丸は同月二一日一六：〇〇、艫綱を解いて稚内港をあとにした。船内には乗員八二名、軍人一七名、引揚者六三三名が乗っていた。同船はマストに航海灯をともし、同船の位置を知らせる無線信号を発信しながら日本海を一路、南下を続けた。

小笠原丸は二二日〇四：二二、潜水艦の魚雷攻撃を受けた。船尾から海中へあっという間に沈んでいった。轟沈である。ほとんどの人たちは、船と運命をともにした。そして又、海に投げ出された人たちも、すべてが幸運ではなかった。海上に漂う遭難者を、何をおいても救助するのが海の掟である。浮上したソ連潜水艦は、それらの、わが同胞に対して機銃掃射を浴びせかけたのである。何たる所業か。鬼畜以下である。

同船の生存者は乗員三四名、軍人八名、引揚者二〇名の合計六二人だけであった。残りの六〇〇名余りは、祖国を目の前にしながら、非業の最後をとげた。生存者の中に幼児は、一人もいなかった。

当該事件のあと、増毛町役場から北海道庁に対し要旨、次のような「戦時災害報告書」が提出された。

・小笠原丸は八月二〇日二三：〇〇、樺太引揚者一四七〇名を収容して大泊を出港した。
・同船は二一日、稚内に寄港し八〇〇名を下船させ稚内を同日、小樽に向けて出港した。
・同船は二二日〇四：二二、増毛郡増毛町字別苅村西方約一キロの海上において国籍不明の潜水艦から発射された魚雷を機関部にうけ、約三〇秒で轟沈した。
・乗船者約七二〇名中六二名を救出、溺死者二九名を収容したが、他は行方不明である。

（二）第二新興丸（二七〇〇トン）

第二新興丸は一九四一（昭和一六）年、海軍に徴用され、特設砲艦として、宗谷海峡水域における機雷敷設任務に就いていた。そのため、一二センチ砲四門と二五ミリ対空機銃を装備していた。同船は八月二一日〇九：〇〇、大泊を出港したあと一二：〇〇、輸送司令部から「稚内の受入れ能力が限界に達しているので、入港先を稚内から小樽に変更せよ」という指令を受信した。この電報が同船の運命をかえた。

夜に入って雨が降り出し、宗谷海峡を抜ける頃から海上はしけ模様となった。甲板には幾張りものテントが張られ、入り切れない引揚者たちは、毛布や衣類を引張りだして雨に打たれていた。

第二新興丸は船首から一番、二番と四つの船倉に分割されていたが、そこも引揚者であふれ、石炭庫やバラストの上までむしろやかますを敷いて引揚者を収容していた。

翌二二日午前三時頃、雨はやみ、荒れた海上は漸く、凪を取り戻した。同船は焼尻島沖を航行していた。小樽港までは、あといっときの距離にあった。その時、同船は突如、大きな衝撃をうけ、急激に大きく右側に傾いた。魚雷が命中したのは二番船倉であった。魚雷が爆発した際、同船の船腹に横一二メートル、縦五メートルの大穴があき、二番船倉内の引揚者四〇〇人近くが、そこから海中にのみこまれてしまった。

傷ついた第二新興丸を追尾するような形で、ソ連潜水艦二隻が相次いで浮上し、船橋を海上に現すや否や、敵の機銃が火を噴いた。第二新興丸も機銃と一二センチ砲で応戦した。しかし、敵潜水艦の機銃掃射は、甲板上を右往左往する引揚者を容赦なくなぎ倒した。

戦闘がしばらく続いた後、敵潜水艦一隻の正面に大きな黒い水柱が立ち上がり、海中にその姿を消した。沈没したようにも見えたが、今も確認されていない。この時、小樽無線電信局は、第二新興丸からの次のような「ＳＯＳ」を受信した。


「われ、潜水艦の魚雷攻撃を受ける。船中人心の動揺あり。船体浸水激しく沈没の恐れあり。陸岸接近、留萌港に針路をとるも意のごとくならず。乗船総数約三五〇〇、至急救助手配を乞う」

なぜ、小樽無線電信局は、この「ＳＯＳ」を後続の泰東丸へ警告しなかったのか、大きな疑問が残る所である。「戦争はすでに終わっている」――何かの間違いであろうと、電信局の担当者は、そのように思ったに違いない。第二新興丸は、海岸に駆け付けた警官、医師、町職員、警防団員等多数が見守る中、午前九時ごろ、スクリューを半分浮かせたまま、南岸壁に船尾から辛うじて着岸した。

第二新興丸の犠牲者は四〇〇人と推定され、そのうち遺体の収容は二二五人であった。残りの遺体は海遠くに流されたか、遺体の一部は日本海道北の海岸に漂着した。

悪逆無道なソ連潜水艦の攻撃は、まさに問題外であるが、わが国大本営陸海軍部（参謀本部）の無為無策には言葉を失う。戦いに敗れた国家の惨状は、この上もなく悲しく、惨めなものである。

（三）泰東丸（八八〇トン）

「東亜海運」所有の泰東丸は八月二二日一一：〇〇、第二新興丸のあとを追うように大泊を出港した。船内は引揚者七八〇人とその荷物で身動きがとれず、甲板上に仮設テントが所狭しと張られていた。

泰東丸は翌二二日〇九：〇〇、巡航速度（八ノット）で日本海を南下し、目的港小樽はもうすぐそこにあった。旧花田家の大きなニシン番屋や岸辺に寄り添うようなトタン屋根の色までもがはっきりと見える留萌・鬼鹿の海岸線、故国は目の前にあたたく広がっていた。

その時であった。同船の操舵員が、右船尾四五度に浮上する潜水艦を発見した。引揚者の中には「日本海軍の潜水艦が護衛に来てくれた」と声を上げて喜んだ。それも束の間、ソ連潜水艦の艦載砲が火を噴いたのである。

「葛根廟事件」の悲劇の中でも述べたように、この遭難事件でも、敵ソ連軍の戦車を友軍の戦車と見間違えて歓喜した満州開拓民の子供たちの仕草と重なる。樺太からの引揚者も、満州からの避難開拓民もみんな、日本陸海軍が唯一、間違いなく心の支えであった。その陸海軍は、彼等同胞に一顧だにもしなかったのである。百年、兵を養うのは、自国民の生命、それも婦女子、老人たち弱者を守るためであって、参謀懸章を守るためでは決してなかったはずである。

泰東丸の船長は、必死の思いで白旗（降伏のあかし）の掲揚を船員に命じた。船員たちは、急いでテーブルクロスやシーツを白旗がわりに船尾から敵潜水艦に向けて懸命に振り続けた。ソ連潜水艦は、無抵抗の八〇〇トン足らずの泰東丸に対し、砲撃や機銃掃射の雨を降らせた。逃げ場のない甲板上は、忽ちにして殺戮の修羅場と化した。泰東丸は「われ、潜水艦攻撃を受ける。位置は苫前沖一〇キロ、機関故障、沈没の恐れあり」と、「ＳＯＳ」を連打に近く打ち続けた。

泰東丸は同日〇九：五五、右舷に大きく傾いて沈没した。白いシーツを振り続ける無抵抗の泰東丸になおも砲撃を続けたソ連潜水艦は、泰東丸の沈没を見届けたかのように、やがて海中に姿を消した。

たとえ三流海軍のソ連潜水艦乗組員とはいえ、わずか一〇〇〇トン未満の貨物船を戦闘艦艇と見誤るほど低水準にあるとは思えない。甲板上の人影が戦闘員か非戦闘員かの区別もできないのか、そんなことがあろうはずがない。婦女子や老人が狂乱状態で、甲板上を逃げ惑う姿を確認しながら、ソ連潜水艦は、情け容赦のない無差別攻撃を続行したのである。海の男たちのとる行動とは、とても思えない。鬼畜にも劣る。

九死に一生をえた泰東丸の一等航海士が同年九月、所属会社の「東亜海運」に要旨、次のような「事故報告書」を提出している。

・八月二二日〇九：四〇、船尾三キロにソ連潜水艦を発見。
　〇九：四五、潜水艦から砲撃を受け、船尾に命中。
　〇九：五〇、中部破孔から浸水。
　〇九：五五、船全体沈没。

日本政府はロシア側に対し、この三船殉難事件に関する事実の確認調査を要請した。しかし、ロシアの回答は例のごとく、不誠実きわまりない内容であった。次に述べる空の悲劇「大韓航空機ミサイル撃墜事件」でも、そうであったように、ソ連・ロシアは常に事実を隠蔽して自らの非を絶対に認めようとは決してしないし勿論、謝罪など一切なしである。

二〇〇四（平成一六）年八月二一日の土曜日、三船殉難六〇回忌の追悼式が、留萌市沖見町の了善寺において執りおこなわれた。約三〇人の生存者や遺族関係者らが参列した。そして戦後七〇年、一昨年の八月二二日（土）、留萌管内小平町鬼鹿広富の「三船殉難慰霊之碑」の前で生存者ら六〇人が手を合わせ、犠牲者の冥福を祈った。五年ぶりの追悼式であった。日本海を望む慟哭の「三船殉難慰霊之碑」が風雪に耐え、故国の土を目前にして海に消えた一七〇八人の帰りを、今日もあしたも待ち続けている。

三．大韓航空機007便撃墜事件―一九八三年九月

今年も又、何事もなかったかのように間もなく九月一日がやってくる。あれから約三五年近くの月日が無常に流れ去った。あれからというのは一九八三（昭和五八）年九月一日未明、無抵抗の民間大型旅客機がソ連防空軍の迎撃戦闘機「スホイ―15」から発射された「空対空」ミサイル二発によって撃墜されるという世界航空史上、前代未聞の悲劇のことである。

この断じて許し難い、ソ連の極悪非道な残虐行為による無辜の犠牲者は二六九名にのぼった。その中には、日本人乗客二八人が含まれていた。冒頭に、同胞犠牲者のご芳名を掲げ（順不同、敬称略）、衷心より哀悼の意を表し、ご冥福を改めて祈りたい。

・東京都

主婦　井上聖子（三九）、長女　美和子（一三）、次男　陽（三）
ガス販売店員　山口三喜雄（三四）
専門学校生　羽場弘樹（一八）
書籍販売業　清水美弥子（五三）

無職　椎木静枝（四三）、次女　留音（一一）
飲食店経営　大阪徳之（三九）
日大文理学部教授　小林正一（六〇）、妻　郁子（五七）
都留文科大学講師　田中ケイ子（三五）
大学生　武本潔典（二一）、母　富子（四七）
・神奈川県　中学教員　中沢建志（二五）
主婦　大背戸緑（六三）
・静岡県　大学生　川名広明（二〇）
・名古屋市　大学生　真野小百合（二二）
・京都市　主婦　石原益代（六四）
・奈良県　松下住設機器会社々員　山口正一（三二）
・大阪市　女優　河野富子（三一）
・兵庫県　無職　余田和子（二八）
・福岡市　無職　岡井真（二二）、妻　葉子（二五）
福岡大学医学部職員　北尾ひとみ（一九）
・大分県　富高ヤエ子（五五）
・住所地（年齢）不明　池田浩子　中尾

「大韓航空機撃墜事件」の同胞犠牲者二八人の半数は二〇代、三〇代の前途有望な青年たちであった。最年少の犠牲者は、東京中野区の、わずか三歳の井上陽くんであった。陽くんは中学二年の姉・美和さん（一三）と一緒に、母親の井上聖子さん（三九）に連れられて、カナダ住友商事トロント営業部勤務の父親・宏さん（四六）を訪ねての帰途、不運にもこの航空便に乗り合わせてしまったのである。

父・宏さんは一九八一年一月、トロント営業副部長となり、東京に妻子を残して一人、カナダへ赴任した。長男の哲くん（一五）が高校に進学したため、一年半ぶりに夫に、父に会おうと、クラブ活動に忙しい哲くん一人を残して母子三人が日本をたったのは、美和さんが夏休みに入った七月二三日であった。陽くんは一〇年ぶりに生まれた男の子、その成長ぶりを夫に見せたいと連れていったという。

東京調布市在住の祖父・柄沢紫朗さん（六九）に届いた美和さんからの絵葉書には、久しぶりに親子四人水入らずの楽しい生活の模様に溢れていた。夫を父をカナダに残し、後ろ髪を引かれる思いでトロントをあとにした母子三人は、それでも四〇日ぶりに祖父の待つ日本の土に胸を昂ぶらせていたに違いない。

「きょうの夕方には、娘や孫たちと会えるはずでした」――祖父は肩を落として、悲痛な声を絞り出した。お土産にふくらんだ陽くんの小さなリュックサックも、美和さんの手一杯のおじいちゃんへのお土産もみんな、冷たく暗い北の海に沈んでしまったのである。

演劇の勉強で、海外旅行で、語学の勉強などで渡米した人たち、ジャンボ機はさまざまな人たちの帰国の旅をのせていた。涙もかれた留守家族の心中や察して余りある。鬼畜にも劣るソ連の残虐行為は未来永劫に語り継がなければならない。絶対に忘れてはならないのである。

憎んでも余りある、あの事件から約三五年、犠牲者ご遺族にとって、どんなにか哀しく辛い日々であったことだろうか。犠牲者との楽しかった遠い思い出の数々が一日とてよみがえらぬ日はなかったに違いない。ご遺族の方々の血の叫びにも似た無念の言葉や悲痛な思いを、優しく拾い集めて記録するという、重苦しい作業に挑戦したグループが現れた。それは、中央大学総合政策学部「ＦＬＰジャーナリズム・プログラム松野良一ゼミ」の学生たちである。同グループは二〇〇九年から二〇一一年にかけ、全国各地に足を運んで、ご遺族に対する取材活動を展開し、それらの貴重な、そして悲しみの声を『中央評論』（中央大学出版部、第二七七号、二〇一一年）にまとめ上げた。学生たちの熱い願いを決して無駄にしてはならない。

一九八三（昭和五八）年八月三一日（水）午後一時すぎ、ニューヨーク発アンカレジ経由ソウル直行深夜便「大韓航空００７便」（以下、「ＫＡＬ００７便」と略す）は乗客二四〇人、乗員二九名（うち、日本人乗客二八人）を乗せて、ジョン・Ｆ・ケネディ国際空港を離陸した。「ＫＡＬ００７便」は同日二〇時三〇分、アラスカ南部の国際空港アンカレジに着陸した。給油を終えた同便は出発予定よりも約三〇分遅れて午後一〇時（日本時間）、アンカレジを飛び立った。ソウル（金浦国際空港）までの約七五〇〇キロ、約八時間の飛行である。そして、その大半は洋上の暗闇の中を飛ぶ。

高度約一万メートルで静かなフライトを続けるジャンボの機内では、映画を鑑賞したり、読書や音楽で寛ぐ人、安らかな寝息をたてている人、早朝の祖国の土に胸を昂ぶらせる人たち、深夜便の機内の様子が窺い知れる。しかし、ソウル到着まであと二時間余りの、九月一日午前三時二五分四五秒、機内は一瞬にして阿鼻叫喚、地獄絵図そのままの悲惨な状況を呈する。戦闘用ミサイルの一撃によって破壊されたジャンボ機の無残な機内、何よりも最初の一撃によって生き残った乗客の人々の恐怖と苦痛は想像を絶するに余りある。その人たちの悲痛な無念の叫びを、まず、この小冊に託したいと願う。

大地震（大津波）の発生後に必ず沸き起こる、学者や研究者の議論風発にも似て、この残酷非道なソ連の残虐行為のあと、今となっては、ただ虚しい蛙鳴蝉噪たる原因論（搭載機器の操作ミス、アメリカによるスパイ飛行、燃料節約説など）の百出に屋上屋を架す心算は毛頭もない。あえて、確信をもって断言できることはただ一点、当該「ＫＡＬ００７便」搭乗クルー、とりわけ機長の緊張と集中力を欠いた怠慢な機上勤務による航路逸脱（ソ連領空侵犯）がこの事件の惹起最大の原因であることに、いささかの疑いの余地もない。一九六九年設立の「大韓航空」（「ボーイング７４７ジャンボ機」一二機、「エアバスＡ３００」八機など四〇機を保有）の全面的な責任は免れるものではない。

私は当時、この「大韓航空機撃墜事件」に自衛隊情報幹部として、直接関与した者の一人である。自衛隊における三〇年余の情報勤務を経て、定年退職を間近かに控えたときの出来事であった。東西冷戦の真っ只中において発生した、この事件も三五年近くを経過した今、人々の記憶から徐々に薄れつつあることを強く憂う。

歴史的な民族の屈辱、様々な過去の悲劇に対する日本人特有の恬淡とした鷹揚さ、無関心さなどに鑑み、絶対に忘却させてはならない、どうしても語り伝えるべき事実の風化を、私は、この事件について何よりも恐れる。「大韓航空機撃墜事件」と真正面から向き合った体験と、この事件の実相について、できるだけ推測を排して書き留めておきたいと思う。

(一) 事件当時の時代背景

一九七〇年代後半の北東アジアにおいては、強力な軍事力を有するソ連、中国およびこの地域に確固たる政治・軍事的影響力を有する米国が鼎立し、中ソ対立や朝鮮半島における南北対立など、不安定要因を抱えながらも米中ソなどの相互牽制作用が働き、一種の均衡が保たれていた。

しかし、一九七七(昭和五二)年一〇月、ベトナム・カンボジア国境地帯における武力紛争、一九七九年二月には、中国軍が北部国境地帯からベトナムに侵攻、中越国境戦争がそれぞれ勃発した。これらの紛争に誘発されたソ連軍は、北東アジアにおける軍事行動を次第に活発化させる。わが国固有の領土である国後、択捉両島には一九六〇年以来、一八年ぶりにソ連地上軍が配備され、併せて海空の極東配備強化が予測されるに至った。

他方、中東・アフリカ地域へのソ連の影響力の拡大に対して、米国をはじめとする西側諸国が懸念を深めていた矢先、ソ連軍は一九七九(昭和五四)年一二月二四日、隣邦アフガニスタンに軍事介入(兵力約一〇万)した。ソ連によるアフガニスタンへの軍事力行使は、中東情勢をさらに流動的かつ不安定なものにさせ、東西両陣営の対立が戦後最大規模に達した。

米国は翌年一月、ソ連のアフガニスタン軍事介入に対して、強く非難するとともに、ソ連軍の即時撤退を求めて、第二次戦略兵器制限条約（ＳＡＬＴⅡ）の批准延期、穀物輸出の大幅制限、モスクワオリンピック（一九八〇年七月）のボイコットなどを含む制裁措置を発動した。時機を同じくして、英国など五一か国の要請により、安全保障理事会緊急会議が招集され、「アフガニスタンからの全外国軍隊の即時無条件撤退を求める国連決議」が提案されたが、ソ連の拒否権行使により否決された。一方、わが国でも、「アフガニスタンからのソ連軍の撤退等を要求する決議」が国会において採択された。

ソ連軍のアフガニスタン侵攻を奇貨として、東西両陣営間の軋轢は、緊迫の度を加えるに至る。そのような状況の中、北東アジアにおけるソ連は一貫して軍事力の増強に力点をおき、特に、量的増強に加えて質的向上が重視され、極東ソ連軍の能力と即応体制は、さらに一段と充実されつつあった。また、すでに触れたが、わが国固有の領土である国後、択捉および色丹の三島に地上軍部隊を配備し、基地建設の推進を図っていた模様である。

特徴的な事象として、極東（ハバロフスク）、ザバイカル（チタ）両軍管区をはじめ、太平洋艦隊、遠距離航空軍、防空軍などの統合部隊運用を意図する極東戦域軍司令部（ウランウデ）の設置、キエフ級空母「ミンスク」、カラ級巡洋艦「ペトロパウロフスク」、揚陸強襲艦「イワン・ロゴフ」などの極東（ウラジオ）回航、バックファイア爆撃機（行動半径：約五七〇〇キロ）、新移動式ＩＲＢＭ・ＳＳ－20（射程：四四〇〇キロ以上）の配備などがあげられる。

『防衛白書』（一九八〇年版）によれば、極東ソ軍（地上軍、海軍、空軍）の兵力組成はほぼ、次のとおりであった。

・地上軍（全ソ連軍：一七三個師団　約一八三万人）
　中ソ国境地帯　：　四六個師団　約　四五万人
　極東地域　　　：　三四個師団　約　三五万人　→約四三％
・海　軍（全ソ連軍：艦艇約二六二〇隻、約五一〇万トン）
　太平洋艦隊　：　約七八五隻、約一五二万トン　→約三〇％
・空　軍（全ソ連軍：作戦機　約八五〇〇機）
　極東地域：爆撃機約四五〇機、戦闘機約一四五〇機、哨戒機約一六〇機→約二五％

他方、米国は一九七九年末のソ連によるアフガニスタンへの軍事介入によって、核戦力および通常戦力両面の増強を伴う国防努力の一層の強化に乗り出した。米国は即応態勢、継戦能力および機動力の改善と装備の近代化により、いくつかの重要正面で長期間、同時に対処しうる態勢の維持をかためた。特に、海上戦力については、一五個空母機動群および四個水上戦闘グループを基幹とする六〇〇隻海軍の建造計画を推進し、これまで殆ど空母が展開したことのない北西太平洋および日本海へ空母を機動させる柔軟運用計画を実施するに至ったのである。

北東アジアにおける冷戦の国際潮流にあって、すでに述べてきたように、極東ソ軍の質量両面にわたる強化に対し、日本の防衛政策の最重要正面は「北」に向けられていた。陸上自衛隊は当時、戦略単位部隊である師団を全部で一三個師団、これを五個方面隊に分けて全国に配備していた。

北部方面隊は北海道全域を担当、道央（石狩湾）、道北（宗谷海峡）、道東（根室海峡）の三大正面で「最大脅威対象国」ソ連と一衣帯水で対峙していた。このため、北海道は日本の防衛戦略上、最重要地域とされ、全師団の約三分の一にあたる四個師団（うち一個師団は機械化）が旭川、帯広、東千歳、真駒内に展開していた。さらに第一特科団（一五五ミリ榴弾砲、同加農砲など約一八〇門）、第一高射特科団（地対空誘導弾「ホーク」八個中隊）、第一戦車群（戦車約二二〇両、装甲兵員輸送車約九〇両）などの方面直轄部隊が道央に展開・配置されていた。

デタント（国家間の政治的緊張緩和）期といわれた一九七〇年代も後半、カンボジア、イラン、ニカラグア、エチオピアなどで紛争が生じ、米ソの対立は深刻化する。米国レーガン大統領（一九八一年一月就任）は一九八三（昭和五八）年早春、数か月にわたる自制した言動を打ち破って、就任直後と同様にソ連を「悪の帝国」、「近代世界の悪の中心」ときめつけて激しく非難した。

この「悪の帝国」発言当時、アメリカ太平洋艦隊は大戦後、北太平洋において空前の大規模演習を実施していた。三週間にわたる演習期間中、空母機動部隊から飛び立った艦載機は、日本北方の千島列島にある極東ソ軍の基地上空に接近飛来した。この米国の挑発的で露骨な軍事的存在の示威行動に対して、ソ連側も当然、激しい反発行動を示した。極東におけるソ連の軍事戦略にとって、北海道からカムチャットカ半島に伸びる千島列島は、最重要の防壁であった。

このような米ソの対立状況と相互不信を背景に当時、「一触即発空域」において、大韓航空機は正常の飛行ルートを大きく逸脱し、ソ連の領空に飛び込んでしまったのである。そして、未曾有の大悲劇は米ソ冷戦の真っ只中、一九八三（昭和五八）年八月三一日（水）から九月一日（木）の払暁にかけて発生したのである。

（二）事件発生の経緯

事件発生当時、私は陸上幕僚監部調査部調査別室東千歳通信所に配置されていた。定年退職までの約二年間、最後の情報勤務となった。

そして、事もあろうに、八月三一日（水）～九月一日（木）の「情報当直幹部」（終夜勤務）が私であった。この夜の深更、「ＫＡＬ００７便」事件発生の兆候情報に関する報告を、わが国で否、世界で最初に受けたのが、誰あろう、この私であった。

一九五〇（昭和二五）年九月、警察予備隊に入って以来、約三三年間、情報畑一筋に歩んできた私に突如、最大の試練が襲い掛かってきたのである。私が誰よりも早く知った、その兆候情報が、日米両政府は言うに及ばず、ソ連軍最高首脳部（参謀総長）を巻き込み、約一週間後には国連安保理事会の開催を招くという事態に発展するとは、予想だにもしていなかった。

まず、最初に「ＫＡＬ００７便」の飛行経過に関し、主として捕捉された航空自衛隊稚内レーダーの航跡から時刻を追って、以下に示す（年月日省略、一九八三《昭和五八》年八月三一日

《水》～九月一日《木》の時刻)。

二二：〇〇　アンカレジ空港を離陸し、「ロメオ（R）20」と呼ばれる国際航路を南西一直線にソウル金浦国際空港へ向かう。

〇二：一〇　成田の東京航空交通管制部（以下、成田管制部と略す）と交信（報告）。「〇二：〇七、位置通過点『ニッピ』（カムチャットカ沖）通過、高度三三〇〇〇フィート（約一万メートル）。次の位置通過点「ノッカ（根室沖、北緯四二度二三分、東経一四七度二八分）を〇三：二六に通過する予定」

〇三：一二　稚内レーダーサイトが、サハリン東方約七〇キロのオホーツク海上空を西南西へ向かう「KAL007便」と思われる機影を捕捉。

〇三：一五　「KAL007便」、成田管制部と交信（要求）「高度を三五〇〇〇フィート（約一〇七〇〇メートル）に上げてもよいか」

〇三：二〇　「管制了解、高度三五〇〇〇に上昇せよ」

〇三：二〇　レーダーサイト、「KAL007便」を追尾する「スホイ―15」の機影を捕捉（ソ連防空軍のスクランブル）。

〇三：二三　「三五〇〇〇に上昇」（「KAL007便」報告）。「了解」（成田管制部）。

〇三：二三　レーダーサイト、「スホイ―15」の「機動」を捕捉。

〇三：二五　レーダーサイト、「スホイ―15」がサハリン西岸ホルムスク（真岡）上空付近で「ＫＡＬ００７便」と交差し、同機右後方を追尾する航跡を捕捉。
○三：二六　「ＫＡＬ００７便」から成田管制部へ「コールサイン」が届くと同時に、あとは「ガーガー」という雑音に変わる。
○三：二九　「ＫＡＬ００７便」の機影がモネロン（海馬）島付近の海上上空で、稚内レーダーから消滅。

以上のレーダー航跡および「ＫＡＬ００７便」と成田管制部との交信内容等から、次のような推論が成り立つ（151頁「大韓航空機００７便の推定航跡」参照）。

・「ＫＡＬ００７便」は九月一日（水）○二：一○、成田管制部へ位置通過点「ニッピ」の通過を報告。ところが、これより約一時間一○分前の○一：○○ころ、カムチャットカ半島付近のソ連の早期警戒管制レーダーが「ＫＡＬ００７便」の機影を捕捉・追跡。同機は「ロメオ（Ｒ）20」の正常コースを北へはずれ、ソ連の飛行情報区内に入り込んでいたようである。

・「ニッピ」の前の位置通過点「ニーバ」から「ニッピ」までの所要時間は通常、約一時間一二分であることから逆算すると、○二：○七（「ニッピ」通過報告）の一時間一二分前の○○：五五頃、「ＫＡＬ００７便」はアッツ島北の「ニーバ」を通過していたものと考えられる。

・「ＫＡＬ００７便」は、「ニーバ」から南西に飛ぶところを約二〇度北にずれ、西南西のコースを一直線に飛行した可能性が高い。カムチャットカ・ペトロパウロフスクの防空部隊基地から迎撃戦闘機「スホイ－15」五機が、次々とスクランブル発進（米軍による交信傍受）している。

・「ＫＡＬ００７便」は「ニーバ」を通過して数分後、「侵犯」を開始し始め、カムチャットカ半島南端上空の飛行を続け、正常ルートを進行していると思い込んでいたようである。そして、「ニッピ」通過を、計器類の確認なしに口頭報告した模様である。

・「ＩＮＳ」（慣性航法装置、Inertial Navigation System）の操作（入力）ミスが考えられる。つまり、次の位置通過地点「ノッカ」（根室沖）の地点入力ミス（北緯と東経の位置の一の位以下を入れ間違い）を犯した模様。

北緯　四二度二三分　→　北緯四七度二八分

東経一四七度二八分　→　東経一四二度二三分

・入力ミスと思われるポイントは、「ＫＡＬ００７便」がサハリン南部（ソ連領空）で「スホイ－15」と遭遇した位置にきわめて近い。「ノッカ」を通過する予定が大きく北にルートがそれていたことになる。これが事実だとすれば（ほぼ、間違いない）、「ＫＡＬ００７便」搭乗員複数の責任は免れないし、余りにも重い。

サハリン、オホーツク海空域はソ連の軍事戦略上、重要性がきわめて高い。米ソが北東アジ

大韓航空機007便の推定航跡

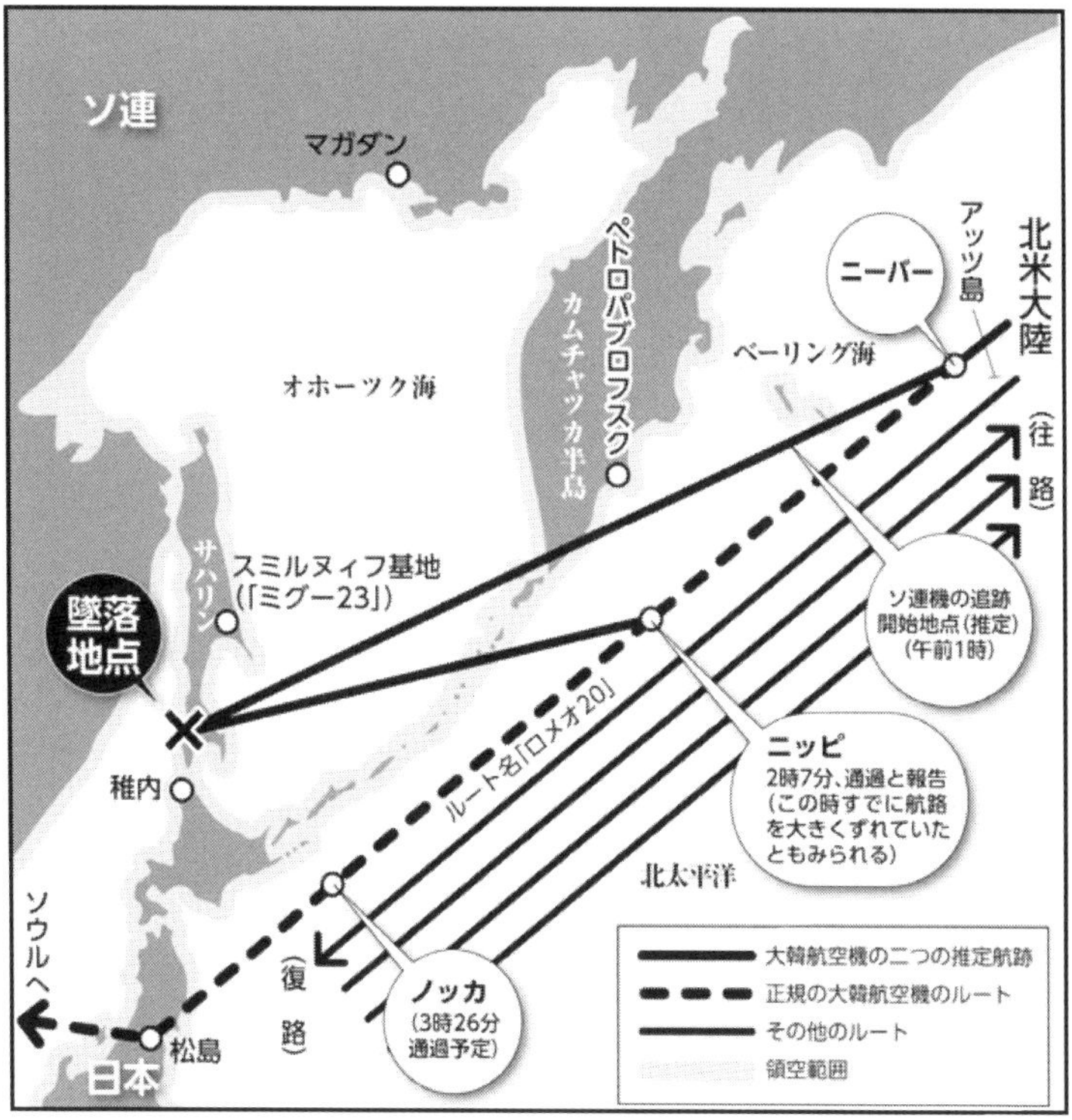

佐藤守男『情報戦争の教訓』（芙蓉書房出版、2012年）45頁

アで軍事力の鍔迫り合いを演じている最も危険な空域でもある。そのような、今にも噴煙をふき出しそうな火山空域に突入するほど、「ＫＡＬ００７便便」も愚かではないはずである。しかし、同機がその超危険なソ連領空に侵入したのは、疑いのない事実である。

パイロットたちの怠慢な機上勤務か、先にも指摘した「ＩＮＳ」への通過ポイントの入力ミスか、誤作動か、今となっては、すべてが闇の中である。

「ＫＡＬ００７便」と同じ「ＩＮＳ」を使用しているアメリカの民間航空機が、最近五年間（事件発生時現在）に二一回も正常な飛行コースを外れていることが米航空宇宙局（ＮＡＳＡ：National Aeronautics and Space Administration）の資料で明らかになっている。「ＩＮＳ」は最新の航法装置で、目的地までの途中の通過地点の緯度や経度を入力し、自動操縦装置と連動すれば、搭乗員が何もしなくても正確に目的地まで飛行できる。しかし、この「ＩＮＳ」はあくまでも、操縦の補助手段であって、過剰な信頼は非常に危険である。「ＮＡＳＡ」の資料は、次のように指摘している。

「二一回のコースのずれに中には、『ＩＮＳ』のコンピューターの誤作動、入力ミス、乗員が『ＩＮＳ』や飛行コースのモニターを誤ったケースなどが含まれている」

「ＫＡＬ００７便」の機影が稚内レーダーから消滅し、同機の最後の「コールサイン」が成田管制部に届いた時刻（〇三：二六～〇三：二七）は、「ＫＡＬ００７便」が位置通過点「ノッカ」を通過する予定と報告していた時刻と完全に一致する。しかし、「ＫＡＬ００７便」は、この時刻、すでにサハリンのソ連領空に侵入し、「スホイ－15」のミサイル攻撃を受けていたのである。

「ＫＡＬ００７便」は、この時点で爆破されたのか、機体を一部損傷して飛行を継続していたのか、不明であるが、約三分間、直線の航跡を描いたあとの〇三：二九、稚内レーダーから機影が消えてしまった。

この時の模様について、事件から約八年後（ソ連政変後）、サハリンの新聞『ソビエツキー・サハリン』紙の記者が、『北海道新聞』の取材に応じて、注目すべき、次のような証言を伝えている。

「国境警備隊の船舶レーダーが当時、時速八〇〇キロ以上で進む奇妙な航跡を捕捉していた。しばらくすると、レーダー上の点は意外にも二つに割れ、さらにもう一つに分かれて、すっかり消えてしまった」

この内容から、「ＫＡＬ００７便」の機体は、おそらく二分、三分して海中に突っ込んでいったものと思われる。

以上が、レーダー航跡等からみた「ＫＡＬ００７便」の撃墜事件に至る発生経緯である。

「ＫＡＬ００７便」と、当該空域において頻繁に偵察飛行を行っている米軍「ＲＣ・１３５」

偵察機との誤認説もささやかれているが、全長において「RC・135」の倍近いジャンボ機を見誤るほど、ソ連防空軍のレベルは低くない。そして「RC・135」がソ連の領空深く侵犯することなど普通ではとても考えられない。先にも触れた通り、この事件は「問答無用の民間機撃墜」とみて、ほぼ間違いないものと判断される。

「KAL007便」撃墜事件の丁度七年前、函館空港に「ミグ－25」で不法強行侵入したベレンコが二〇年を経過して初めて、北海道新聞の記者に対し、この事件について、次のように述べている。

「領空を侵犯すれば、民間機であろうと撃墜するのがソ連のやり方だ。ソ連の迎撃機は最初から目標を撃墜するつもりで発進している。地上の防空指令センターは、目標が民間機か、どうか分からないまま、侵入機を迎撃できなかった責任をあとで問われるのを恐れ、パロットにミサイルの発射を指示した」

東西冷戦の厳しい対立が続く国境の空で発生した悲劇とはいえ、時は戦時ではなく、平時なのである。ソ連がいかに行為の正当化を試みようとも、「問答無用の撃墜」は明白である。無抵抗、無武装の民間大型旅客機にミサイル攻撃をしかけたソ連の非道、鬼畜にも劣る蛮行は、永久に弾劾され続けなければならない。

(三) 事件への対応

一九八三(昭和五八)年八月三一日(水)の「情報当直幹部」(終夜勤務)は、先に述べたように私であった。「情報当直幹部」の任務は、次の四項目である。

・本部(東京)および分遣班(稚内、根室)との情報連絡。
・通信状況の現況把握。
・特異事象発生時の処置。
・通信局舎内の服務規律の維持。

さらに、次の三点には、特段の注意を払わなければならない。

・強化配備中における関連情報資料の適切な報告。
・特異事象発生時の速やかな対応。
・隊員の発病に対する敏速な処置。

特異事象はいつ、どのような形態で発生するのか、全く予測がつかない。従って、「これくらいの事」といった安易な判断は絶対に許されない。些細な兆候の中に、重大事件に発展する要素がしばしば秘められているからである。

八月三一日（水）の夕刻、私は「情報当直幹部」として、いつもの上番手順をふんで当直勤務についた。当夜の勤務経過は概ね、次の通りであった。

・一六：四五　各担当責任者からの指示受け。上司に上番申告。
・一七：〇〇　情報当直曹から上番の報告受け。
・一八：〇〇　各係巡回、担当先任者から状況聴取 ―「変化なし」。
・二三：〇〇　情報当直曹、局舎内の巡回点検 ―「異常なし」。
・二四：〇〇　勤務交代者の確認 ―「特異状況なし」。
・〇一：〇〇　情報当直曹仮眠。
・〇一：〇五　情報当直幹部仮眠。

当直室のベッドに入って間もなく、航空自衛隊の担当先任者から「カムチャツトカ上空の特異航跡を捕捉した」という報告を受けた（第3章「昭和陸軍の対ソ通信情報活動」74頁参照）。もう少しで、深い眠りに落ちようとしていた矢先だっただけに、やや朦朧とした頭の中で、「ペトロパウロフスク基地の夜間訓練飛行（「スホイ―15」）ではないのか」、「本当に特異状況なのか」などと、いい加減なことを考えながら、問題の航跡図に目をやった。地上軍担当の私に、空軍のことはほとんど分からない。担当先任者の説明から「ペトロパウロフスク周辺空域における『識別不明機』に対するスクランブル状況」であることが、それでもはっきりと理解できた。この「識別不明機」こそ、世界を震撼させた悲劇の「ＫＡＬ００７便」であった。それがアメリカ大統領や国連安保理事会を巻き込み、米ソの冷戦対立を激化させた「ＫＡＬ００７便撃墜事件」の兆候情報であった。私は「情報当直幹部」として、直ちに次のような処置を講じた。

・本部情報当直幹部への報告を、状況説明と併せて空担当先任者へ指示。
・稚内分遣班の情報当直曹へボイス要員の強化配備を指示。
・空担当責任者への状況通報および緊急出勤の要請。

特に、稚内分遣班に対しては、厳しい指示を出して緊急強化配備（非常呼集）を要求した。時刻が深夜の一時を回っており、分遣班側は「緊急強化配備が必要な状況ですか」、「ボイス要員を全員、呼集するのですか」などと、こちらの要求にやや不満の様子が感じとれた。それでも、私の強い口調（命令）に従ってくれた。その時、私はあとあとの責任逃れのため、分遣班に強い指示を与えたのではない。担当先任者から「このまま『識別不明機』がオホーツク海に出て一直線に西南西へ飛べば、サハリンのソ連領空を突っ切ることになる」というアドバイスを受けていたからである。分遣班の隊員たちは迅速に対応し、それぞれが見事に正面任務と取組んでくれた。そして、結果的にソ連の卑劣な行為を世界に暴くことにつながったのである。隊員たちは後日、防衛庁長官から特別表彰（「第二級防衛功労章」）を受けている。

担当責任者の深夜出勤までの間、私は緊張から眠気も吹っ飛び、刻々と推移する状況に目を凝らした。そして、稚内から次々に送られてくるファックスに目を通しながら一瞬、わが目を疑った。それは、次の交信内容（日本時間、上から時、分、秒）であった（「スホイ—15」と地上防空指令センターとの会話、ＶＨＦ《極超短波》使用）。

・〇三：二五：三三　Ｚ・Ｇ（ミサイル弾頭）発射完了
・〇三：二五：四五　目標撃破
・〇三：二六：二〇　攻撃終了
・〇三：二六：二一

この交信の意味するもの、それは、この時点で「識別不明機」の撃墜（墜落）が決定的になったということである。「〇三時二六分二〇秒」という、この運命の時刻は、すでに述べた通り、「ＫＡＬ００７便」が位置通過点「ノッカ」（根室沖）を通過する予定の時刻であり、その三分後、稚内レーダーからその機影が消えた時刻でもある。ソ連の迎撃戦闘機に撃墜された「識別不明機」が成田の東京航空交通管制部との交信を絶った「ＫＡＬ００７便」であることが、このあと判明した。そして、同胞二八人を含む二六九名の尊い生命が失われた瞬間でもあった。

翌朝、九月一日（木）、大韓航空機の消息がメディアによって大きく取り上げられ、行方不明 ― サハリン不時着（強制着陸）― サハリン近海墜落 ― 撃墜・全員死亡などとめまぐるしく報道が変化して伝えられた。私は、それらのニュースを横目に、情報の大切さ、恐ろしさ、そして、その必要性を、この時ほど痛感したことはなかった。

重い足取りで、当直勤務あけの通信所をあとにした。そっと、樺太（サハリン）の方角に向かって両手をあわせた。

（四）ソ連・ロシア側の事件への対応

事件発生から一週間後、撃墜された「ＫＡＬ００７便」のものと思われる漂流物約四〇数点が北海道沿岸において、次のように確認された（『朝日新聞』一九八三年九月一〇日付）。

・北海道宗谷支庁オホーツク海沿岸
　垂直尾翼の一部。ハングル文字入りのビニール袋。座席の一部。
・北海道網走支庁斜里町遠音別村の知床半島付近の海上
　上半身だけの子供の遺体（漁船が発見）。道警北見方面本部の要請により、旭川医大で解剖（頭の中から金属片）。
・北海道宗谷支庁猿払村猿払の砂浜

垂直尾翼の一部（大韓機の標識を表す「ＨＬ」の文字）。
・北海道宗谷支庁浜頓別町沿岸
金属片五個。断熱材。

これらの漂流物は、墜落現場から約四〇〇キロ近く離れているが、海上保安庁水路部によると、遺体の漂着は十分、考えられるとしている。サハリン西岸には南下する沿岸流があり、漂流物は、宗谷海峡で対馬海流に乗り換えてオホーツク海へ入り込むようである。平均流速なら一週間から一〇日間で海岸に漂着するという。

他方、撃墜事件から八年後、北海道新聞と取材提携している「ソビエツキー・サハリン」紙の記者が要旨、次のような記事を同社に寄せている。
・撃墜事件の翌月（一〇月）、潜水作業員が撃墜された大韓航空機の「ブラックボックス」を発見、捜索は直ちに中止される。
・墜落現場には多数の潜水作業員が動員された。
・潜水作業員は、海底で多くの遺体を見つけた。
・海底捜索の目的は、無線機器の発見であった。
・墜落現場への接近は、今年に入ってから許可された。
ロシア政府は事件発生から一〇年後の一九九三（平成五）年九月一日に漸く、「ＫＡＬ００

７便」の破片と、それらを埋めた場所を遺族に初めて公開した。しかし、遺族たちが要望した遺体および遺品の返還について、ロシア側の回答は「回収品はこれがすべてで、遺体は引き揚げていない」と説明するだけであった。ロシア側によるネベリスク市近郊の公開品は、次のとおりであった。

・機体の残骸、大小あわせて数十点。
・中国語の本の一部や書類の切れ端。
・子供用の手袋片方。

遺族および関係者たちは、焼け焦げて変色した破片を見せて幕引きを画策するロシア側の態度に激怒して、ロシアの係員に詰め寄ったが糠に釘であった。ロシア側は終始、「ただ、これのみ」の一言を繰り返し、そこには、誠意のひとかけらも感じられなかった。

このような惨劇に際し、最も大切なことは、犠牲者の遺体の尊厳を守ることであり、犠牲者遺族の悲憤に寄り添う対応である。ソ連・ロシアは、そのような人道上の配慮をかけらも見せず、真実をひたすら隠蔽し、事件そのものを捻じ曲げるだけであった。

ソ連・ロシアは撃墜事件から一〇年も経って漸く、わずかな遺品を遺族や関係者に初めて公開した。なぜ、公開に一〇年もの年月がかかるのか、返す言葉が見つからない。それに合わせたかのように、ロシア政府の事故調査委員会は最終調査結果を、次のように発表した。

・本事件は、大韓航空機の「操縦の誤り」に起因する。
・すべての責任は、「大韓航空」側にある。
・損害賠償など政治問題は、委員会の調査範囲外である。
・自国の国境警備法に従って領空侵犯阻止の権利を行使したに過ぎない。
・乗客への賠償は、大韓航空が負うべきである。

「一切の謝罪も、一銭の賠償も無視」――これが、ソ連・ロシアの「大韓航空機007便撃墜事件」に対する最終調査内容であった。これが、乗員・乗客二六九名の尊い生命を一瞬に奪ったソ連・ロシアの返し言葉であった。「極東の隣人ロシア」は、このような種族であることを今一度、よく振り返ってみる必要がある。

(五) 事件の教訓

世界を震撼させた「大韓航空機007便撃墜事件」の悲劇から三五年に近い。毎年、墜落海域近くの稚内市宗谷岬において追悼慰霊祭が執りおこなわれている。日本人二八人を含む犠牲者二六九名の遺族の悲しみと憤りは消え去ることがない。

すでに述べたように、私は事件当日、防衛庁東千歳通信所の情報当直幹部として服務していた。午前一時過ぎ、カムチャットカ半島南端上空をかすめてソ連飛行情報空域に迷い込んだ識別不明機の異常航跡を確認した。これこそ、悲劇の兆候そのものであった。この「第一報」を受けた私は、直ちに必要な措置を講じた。特に、稚内分遣班には緊急非常勤務を指示し、ソ連防空軍の通信音声の傍受の任務にあたらせた。それと同時に、識別不明機の情報を市ヶ谷の本部にすぐに報告するよう指示を出したのである。

サハリン南部のソ連領空に侵入した識別不明機は午前三時二六分、ソ連迎撃戦闘機から発射された「空対空」ミサイル二発によって撃墜され、サハリン西南方、モネロン（海馬）島付近の公海に姿を消した。大型民間旅客機が戦闘機によって撃墜されるという前代未聞の衝撃的事件の発生であった。

「なぜ、この悲劇を未然に防ぐことが出来なかったのか」

この疑問を払拭することが私には出来ない。私は本事件の当事者の一人として、次の三点を強く指摘しておきたい。

第一点は、省庁間の情報交換の必要性である。あの時、識別不明機がソ連以外の民間航空機である可能性を、どうして判断できなかったのか。千島列島沿いの北太平洋上空には国際航空路「Ｒ20」が設定されている。このコースを飛行する民間航空機の詳細な運航計画、時刻表などがあれば、識別不明機の正体をいち早く判別できたかも知れない。民間航空機関との情報に関する連携が不足していたと思われる。

第二点は、この識別不明機に関する捕捉情報がどのような方法であれ、成田の新国際空港事務所管制通信室（東京国際対空通信局）へ速やかに通報されていたら、この悲劇を防止し得たかも知れない、という「無念」である。異常航跡の捕捉情報が「機密事項」に属することは言うまでもない。しかし、人命に関わることが急迫に予想される場合には、その取扱制限を解除して有効適切に活用されるべきである。

第三点は、各省庁からの情報収集と即座の判断を行えるシステム作りである。東千歳通信所から市ヶ谷の本部にあげられた情報が、その後どうなったのか、今では知るよしもない。しかし、あの情報が、防衛庁─官邸─運輸省と流れていれば、大韓機を救い出せたかもしれない。

最も大切なことは、役所間のカベを超えた情報ネットワークと即座に判断できるシステムの構築と運用である。国民の生命や財産を守るという点においては、防衛省をはじめ、すべての官庁が同じ目的を持つ。この悲劇の教訓を決して忘却、風化させてはならないと思う。

国連経済社会理事会の専門機関の一つである国際民間航空管制機関（ＩＣＡＯ：Internatinal Civil Aviation Organization、本部：カナダ・モントリオール、一九四七年四月活動開始、一九一か国加盟）は本事件発生後、特別総会において「シカゴ条約」（一九四四年五月、シカゴで開催された民間航空に関する国際会議で採択された条約）の一部改正を行い、民間機に対する武器の使用を禁止した（武器不使用原則）。つまり、同条約は従来、警告に従わない領空侵犯機の撃墜を可能としていた条項を改正し、民間航空機の撃墜を禁止した（同条約第三条の二）。それは、確かに一歩前進したものと思われる。

しかしながら、民間航空機の飛行安全に対する国際的な認識の一致を見た、この国際社会の取決めをあざ笑うかのように二〇一四（平成二六）年七月、アムステルダム発クアラルンプール行マレーシア航空17便（「ボーイング７７７型機」、乗員・乗客二九八名）がウクライナ東部国境付近で撃墜された。この事件も又、ロシアの関与がきわめて濃い。ロシア製「地対空」ミサイル使用の公算が決定的に高い。親ロシア派武装集団の墜落現場における態度や行為からは、不条理な事件で命を奪われた犠牲者たちや悲嘆にくれる遺族に対するひとかけらの思いやりも感じられない。「ロシアよ。三五年前の極東・サハリンにおける『大韓航空機００７便撃墜事件』の悲劇を忘れたのか」と、声を大にしたい。

今もなお、冷たく、暗い北の海に眠る「大韓航空機００７便撃墜事件」の犠牲者に思いを寄せ、本章を閉じる。

私があえて浅学菲才を顧みず、本稿を起こした最大の理由は、この三つの悲劇を絶対に風化・忘却させてはならない切実な願いからであり、そして、「極東の隣人ロシアの本質」を決して見誤らないことを切望し、老生の遺言にしたいからである。これら三つの惨劇の犠牲者に対し、ここに改めて衷心より哀悼の意を捧げて筆を擱きたい。

【さらに詳しく知るための文献】

岡部牧夫『満州国』（三省堂、一九七八年）。
半藤一利『ソ連が満州に侵攻した夏』（文藝春秋、一九九九年）。

山室信一『キメラ―満州国の肖像』（中央公論社、二〇〇四年）。

「満州」（『北海道新聞』二〇〇五年九月一七日付、夕刊）。

岡部伸『消えたヤルタ密約電』（新潮社、二〇一二年）。

大櫛戊辰『殺戮の草原―満州・葛根廟事件の証言』（東葛商工新聞社、一九七六年）。

北海道新聞社『慟哭の海―樺太引き揚げ三船遭難の記録』（北海道新聞社、一九八八年）。

「犠牲者六〇回忌」（『北海道新聞』、二〇〇四年八月六日付〜八月一二日付）。

「三船遭難」（『毎日新聞』二〇一五年八月二二日付）。

「戦後七〇年」（『讀賣新聞』二〇一五年八月二二日付）。

『週刊朝日』（朝日新聞社、一九八三年九月）。

増尾由太郎「大韓航空機と自衛隊」（『世界』第四七四号、一九八五年）。

田中賀朗『大韓航空機００７便事件の真相』（三一書房、一九九七年）。

佐藤守男『情報戦争の教訓』（芙蓉書房出版、二〇一二年）。

「大韓機撃墜一〇年」（『讀賣新聞』一九九三年九月二〇日付）。

「大韓航空機撃墜から一五年」（『北海道新聞』一九九八年八月三〇日付）。

「大韓機撃墜二〇年」（『朝日新聞』二〇〇三年八月二九日付）。

『朝日新聞』一九八三年九月一〇日付。

『北海道新聞』一九九一年一一月一日付。

『讀賣新聞』一九九三年九月二日付。

『毎日新聞』二〇一四年八月二日付。

おわりに

私が四二年間の防衛庁（当時）勤務を終えて、北海道大学大学院法学研究科に進学した日から早や二五年が流れ去った。誠にあっという間のとし月であった。私に北海道大学への晩学の道が与えられたとき、「今更、なにを勉強したいのか」——周囲から投げかけられた目は冷ややかなものであった。

そのような中、今は亡き母だけは、惜しみない祝福と激励を涙ながらに送ってくれた。思えば約七〇年近く前、担任の教師たちからも嘲笑された旧制第八高等学校（現名古屋大学の母体）の受験に失敗し、やむなく三菱重工業名古屋製作所に入社したときも、母は「希望を捨てるな」と強い言葉で、私の背中を何度もたたいてくれた。そのときの母の「こぶし」がほのかに背に懐かしい。

私が今から一八年前、北海道大学に提出した学位論文「情報戦争としての日露戦争」により、博士（法学）の学位が授与された。一九九九年九月にさかのぼる。北海道大学学位授与式が大学正門前の学術交流会館において挙行された。このとき、遠く郷里から小さくなった母を呼んだ。丸くなった背の母を車椅子に乗せて初秋の北大構内を案内したとき、溢れ出る涙が車椅子を押す手に零れ落ちた。その想い出が、きのうのことのように老生の胸にうずく。それは、母の積年の労苦に少しばかり報いることが出来たような、私の七〇年の人生の中で最も安らぎを覚えた瞬間でもあった。

私は、私の短い研究者生活の中で禿筆をはばからず三度、小著を江湖に提供することがかなった。それは、北海道大学において師事した指導教官・中村研一先生（北海道大学名誉教授、同公共政策大学院特任教授）のお蔭のほか、何物でもない。先生から受けた学恩は計り知れなく大きく重い。そして又、北海道大学大学院では、酒井哲哉先生（東京大学教授）、松浦正孝先生（立教大学教授）、山口二郎先生（法政大学教授）、遠藤乾先生（北海道大学教授）をはじめ、政治学講座、スラブ研究センター、北海道大学文学部の諸先生方の懇切なご指導と慈愛あふれるお見守りを頂いた。お礼を申し上げる言葉もない。

防衛研究所元主任研究官・原剛先生からは軍事史研究の方法について幅広いご指導を仰ぎ、ご助言を賜る幸せに恵まれた。本書執筆に際しては、同研究所主任研究官・花田智之先生から力強い激励とご支援を頂いた。花田先生は、第四章で述べた「三船遭難慰霊之碑」近くに建つ重要文化財「旧花田家番屋」の後裔で、私と北海道大学同窓の戦友であり、中村研一先生門下の兄弟弟子でもある。私は日々、その戦友からの輸血を受けながら辛うじて今、戦線に踏み止まっている。

第4章の3「大韓航空機007便撃墜事件」の冒頭で、同事件に対する中央大学総合政策学部の取材活動を紹介したが、同学部長・松野良一教授には今回の執筆に際して、多大のご教示を賜り、ただただ深く感謝申し上げる。

私が防衛庁を定年退官後、北海道大学大学院へ進学以来、約二五年間にわたって温かい激励と力強い勇気を投げかけて下さった皆川ご夫妻（最終勤務場所の直属上司）には、この場に改めて心から満腔の感謝を申し上げたい。北海道自治研究所の佐々木真美氏には、大学院附属高等法政教育研究センター研究員の継続手続きなどで大変なお世話とご迷惑をおかけした。そして常に、優しいお心で背中を押してくださったことに対し、記して深甚のお礼を申し上げる。

研究の合間をぬって昨年一〇月、かねてから念願の被爆地・広島を訪ねることができた。透きとおるような秋の青空が果てしなく広がっていた。オバマ前アメリカ大統領の広島訪問、謝罪なき献花など私には、どうでもよかった。平和記念公園の原爆死没者慰霊碑の前で静かに両手を合わせた。爆心地に近い原爆ドーム、そして嵐の中の母子像の前にたたずみ、言葉もなく胸にこみ上げるものを覚えた。

その帰途、旧日本海軍揺籃の地・江田島に足を伸ばした。それは、赫赫たる海軍提督や連合艦隊などへの思いなど、さらさらなく只、この地から祖国日本の平穏を一途に信じながら、大空に散った若き特攻学徒たちを偲ぶためであった。訪ねてよかったと、しみじみ思った。かなうならば、激戦地・沖縄の地を訪ねたいと願う。

今回の上梓に際しても又、芙蓉書房出版・平澤公裕社長の暖かいご指導とご理解を頂戴した。この四冊目の小冊をもって、私の、短かったが、充実この上ない研究生活に幕を引きたいと思っている。平澤氏の温かいお力添えと変わらぬご支援なくして、老生のつたない言葉と思いを江湖に問うことは、とても成しえなかった難事であった。ここに改めて、衷心より万感の謝意とお礼の言葉を申し上げたい。

二〇一七年初秋

佐藤 守男

日露関係史年表（一九〇〇年～一九八三年）

年号	主要事象	関連事象
一九〇〇年	6月 義和団事件（北京）	
一九〇一年	9月 北清事変、最終議定書調印	
一九〇二年	1月 日英同盟調印（ロンドン）	
一九〇三年	8月 露、極東総督府設置（旅順）	
一九〇四年	2月 日露戦争（宣戦布告）	
一九〇五年	9月 日露講和条約調印（ポーツマス）	5月 日本海海戦
一九〇六年	6月 南樺太、露から日本へ譲渡	
一九〇七年	7月 第一次日露協約調印	
一九〇八年	5月 駐露公使館、大使館へ昇格	
一九〇九年	10月 伊藤博文、ハルビンで暗殺	
一九一〇年	7月 第二次日露協約調印	8月 日韓条約で韓国併合
一九一一年	10月 中国辛亥革命	
一九一二年	7月 第三次日露協約調印	11月 露蒙条約調印
一九一四年	7月 第一次世界大戦開始	9月 山東に出兵
一九一五年	1月 中国に二十一カ条要求	
一九一六年	7月 第四次日露協約調印	
一九一七年	3月 ロシア三月革命	

一九一八年	8月 日本、シベリア出兵宣言	11月 第一次世界大戦終結
一九一九年	3月 コミンテルン結成	
一九二〇年	5月 尼港、日本人虐殺事件	
一九二一年	8月 大連会議（対極東共和国）	
一九二二年	10月 日本、シベリア撤兵	
一九二三年	6月 日ソ国交問題非公式会議	
一九二四年	5月 日ソ国交樹立交渉開始（北京）	1月 レーニン死去
一九二五年	1月 日ソ基本条約調印（北京）	5月 日本軍、北樺太から撤退
一九二七年	5月 露、日本に不可侵条約提案	
一九二八年	1月 日ソ漁業条約調印	10月 ソ連、第一次五ヵ年計画
一九二九年	10月 ソ連軍、満州里攻撃	11月 ソ連軍、ハイラル攻撃
一九三一年	9月 満州事変勃発（柳条湖事件）	
一九三二年	3月 満州国、建国宣言	
一九三三年	3月 日本、国際連盟脱退	
一九三四年	9月 ソ連、国際連盟加入	
一九三五年	3月 日満ソ、北満鉄道譲渡協定調印	
一九三六年	11月 日独、防共協定調印	
一九三七年	7月 盧溝橋事件（日中戦争開始）	
一九三八年	**7月 張鼓峯事件**	**6月 リュシコフ亡命事件**
一九三九年	5月 ノモンハン事件	8月 独ソ不可侵条約
一九四〇年	9月 日独伊三国同盟調印（ベルリン）	

一九四一年	4月 日ソ中立条約調印（モスクワ）	6月 独ソ戦開始
	12月 日本、米英に宣戦布告	7月 大本営、関特演発動
一九四二年	1月 日独伊軍事協定調印	11月 ソ連軍、対独反攻開始
一九四三年	11月 カイロ会談、テヘラン会談	
一九四四年	11月 ソ連、日本を侵略国と非難	
一九四五年	2月 ヤルタ会談	
	4月 ソ連、日ソ中立条約不延長通告	
	5月 ドイツ降伏　7月 ポツダム会談	
	8月 ソ連、対日宣戦布告	**8月 葛根廟事件**
	8月 日本、ポツダム宣言受諾	**8月 三船殉難事件**
一九四六年	2月 ソ連、南樺太・千島の領有宣言	
一九四七年	10月 コミンフォルム結成	
一九四八年	9月 北朝鮮成立	
一九四九年	12月 ハバロフスク軍事裁判、判決	
一九五〇年	6月 朝鮮戦争勃発	
一九五一年	9月 サンフランシスコ平和条約調印	
一九五三年	3月 スターリン死去	11月 日本国連加盟、ソ連拒否
一九七六年	12月 ソ連、漁業専管水域設定	9月 ベレンコ亡命事件
一九七九年	12月 ソ連、アフガニスタン侵攻	
一九八三年	**9月 大韓航空機007便撃墜事件**	

著者
佐藤 守男（さとう もりお）
1932年三重県生まれ。1999年北海道大学大学院法学研究科公法専攻博士課程修了、博士（法学）。現在、北海道大学大学院法学研究科附属高等法政教育研究センター研究員。
著書・論文は、『情報戦争と参謀本部―日露戦争と辛亥革命』（芙蓉書房出版、2011年）、『情報戦争の教訓―自衛隊情報幹部の回想』（芙蓉書房出版、2012年）、『警察予備隊と再軍備への道』（芙蓉書房出版、2015年）、「ロシア連邦国籍法」（奥田安弘編訳『国際私法・国籍法・家族法資料集』中央大学出版部、2006年）、「日本陸軍参謀本部と辛亥革命」（大里浩秋・李廷臣編『辛亥革命とアジア』御茶の水書房、2013年）がある。

極東の隣人ロシアの本質
―信ずるに足る国なのか？―

2017年9月17日　第1刷発行

著 者
佐藤《さとう》 守男《もりお》

発行所
㈱芙蓉書房出版
（代表 平澤公裕）
〒113-0033東京都文京区本郷3-3-13
TEL 03-3813-4466　FAX 03-3813-4615
http://www.fuyoshobo.co.jp

印刷・製本／モリモト印刷

ISBN978-4-8295-0718-6